Scribbles von Daniela Taucher.

Die Fragmente eines Ausritts.
Natürlich sozialisiert.

Daniela Taucher
da taucher

Scribbles

BoD

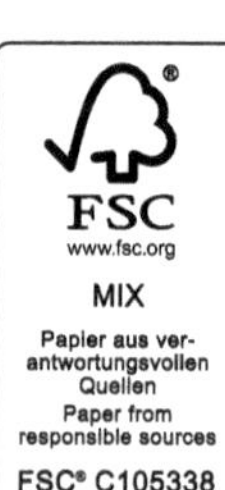

Bibliografische Information der Deutschen Nationalbibliothek
Die Deutsche Nationalbibliothek verzeichnet diese Publikation
in der Deutschen Nationalbibliografie;
detaillierte bibliografische Daten sind im Internet über
http://dnb.d-nb.de abrufbar.

BoD

Erste Auflage 2013
(c) Daniela Taucher
www.dataucher.at

Herstellung und Verlag: BoD - Books on Demand, Norderstedt
Printed in Germany
ISBN 978-3-732-23372-4

Danke meinen Eltern
Irmtraud und Franz Taucher.

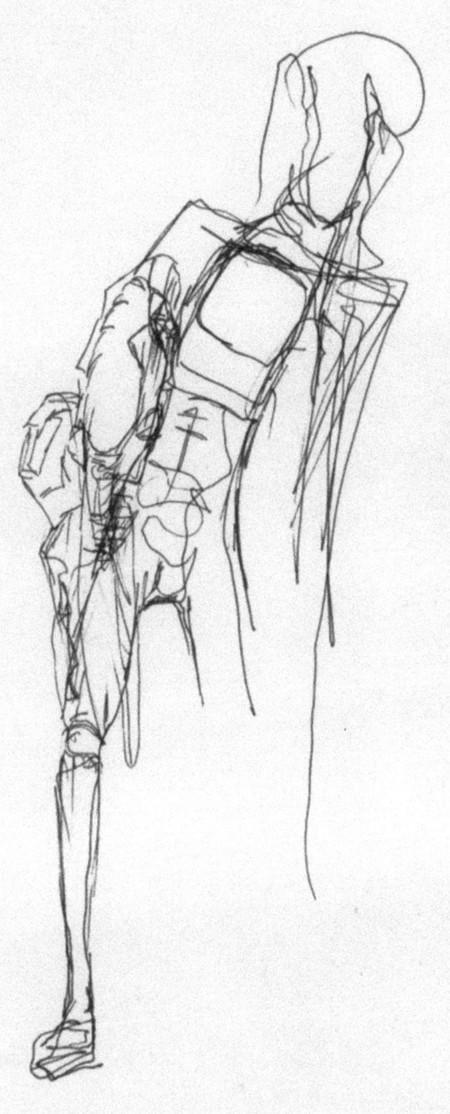

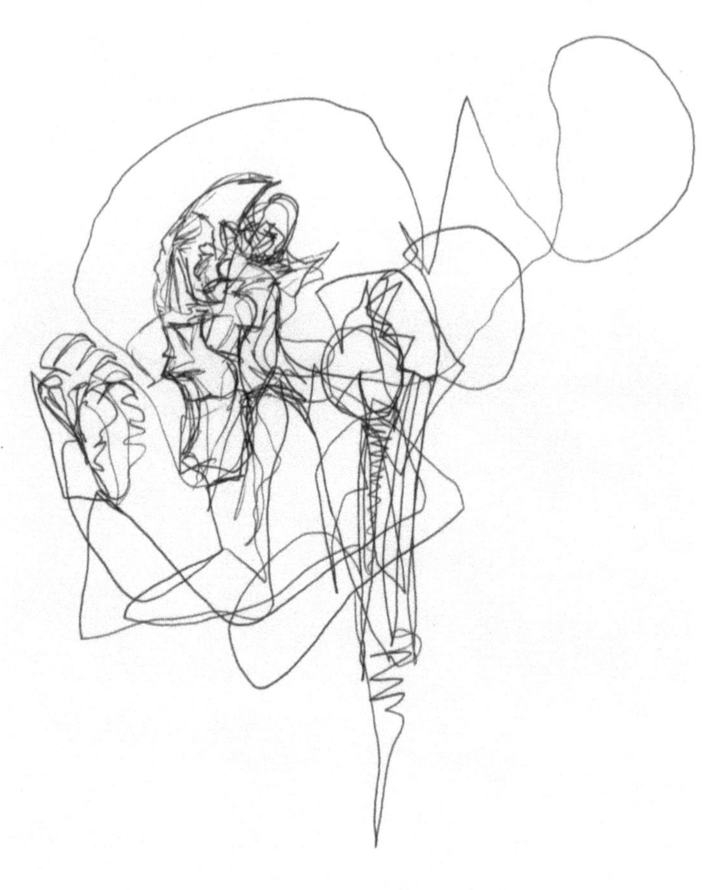

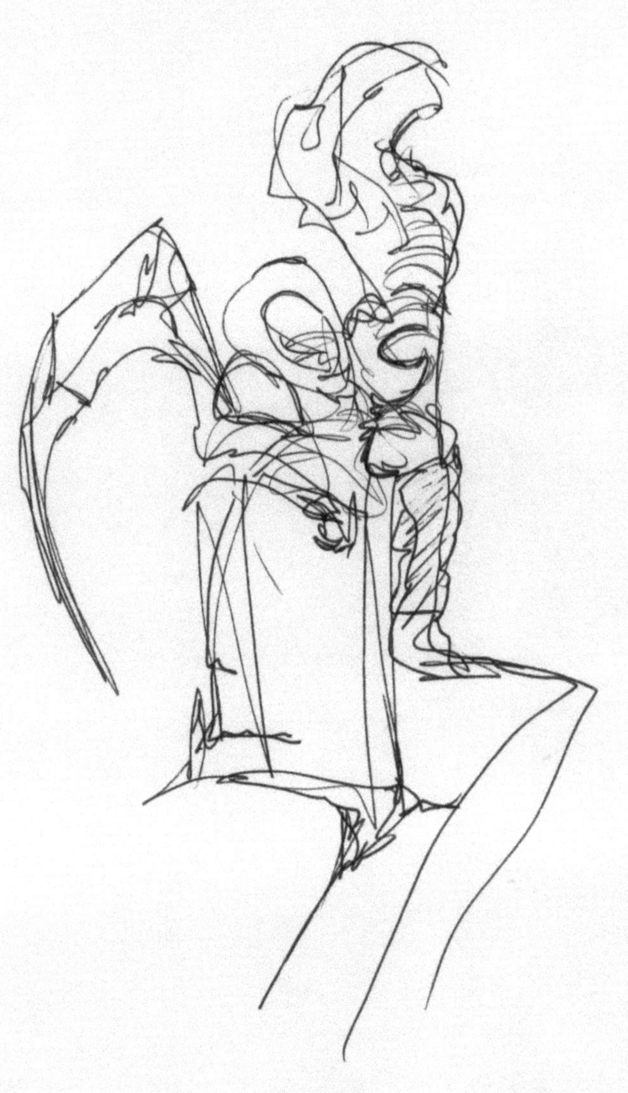

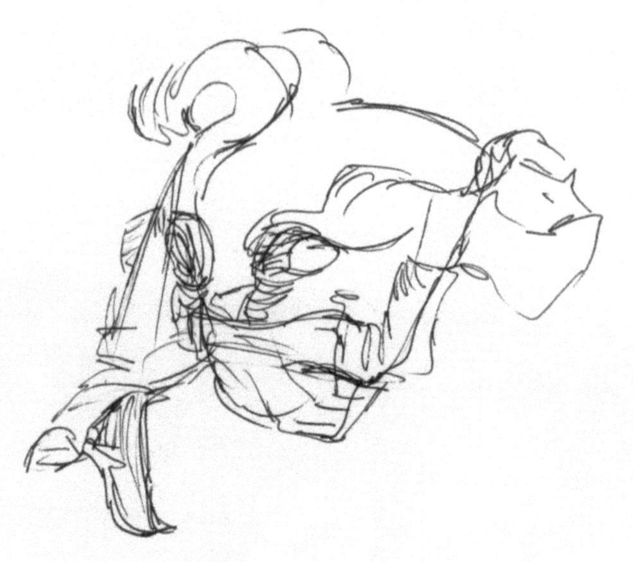

Nichts wer fremd sich erfüllt
steht zu keinem voran.

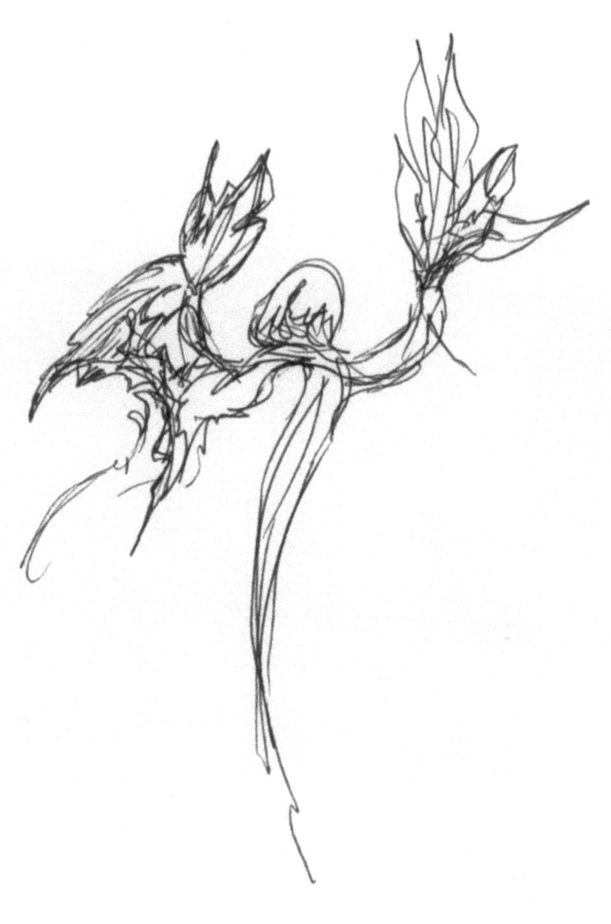

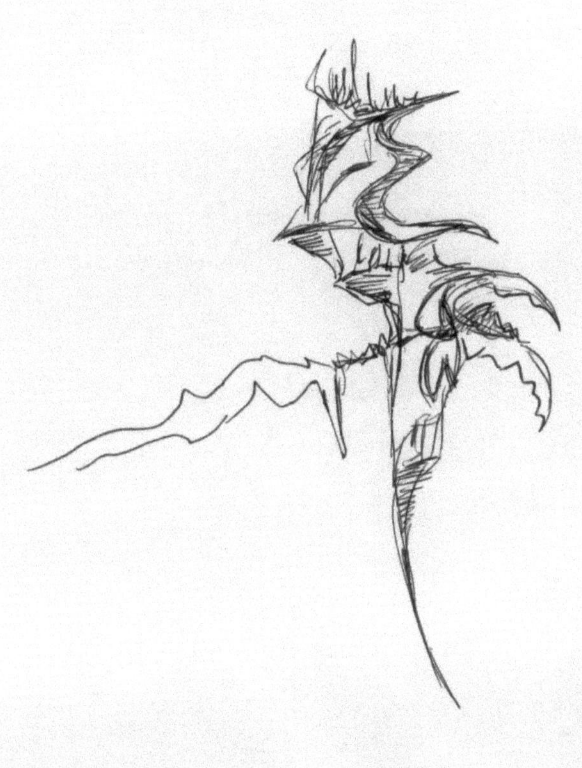

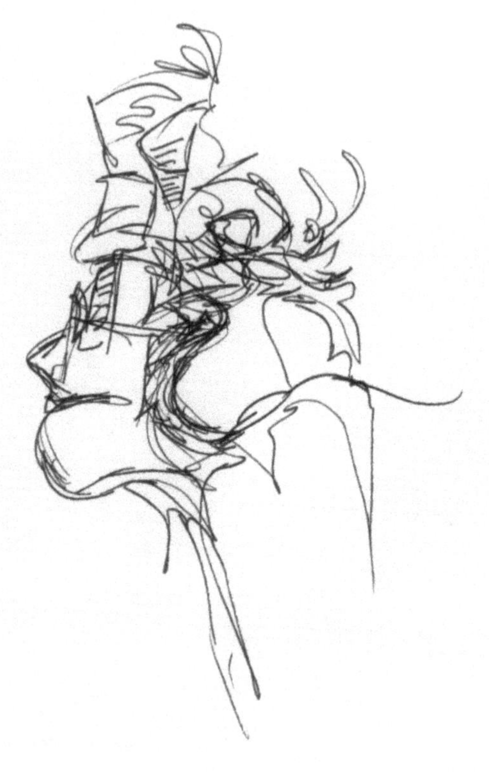

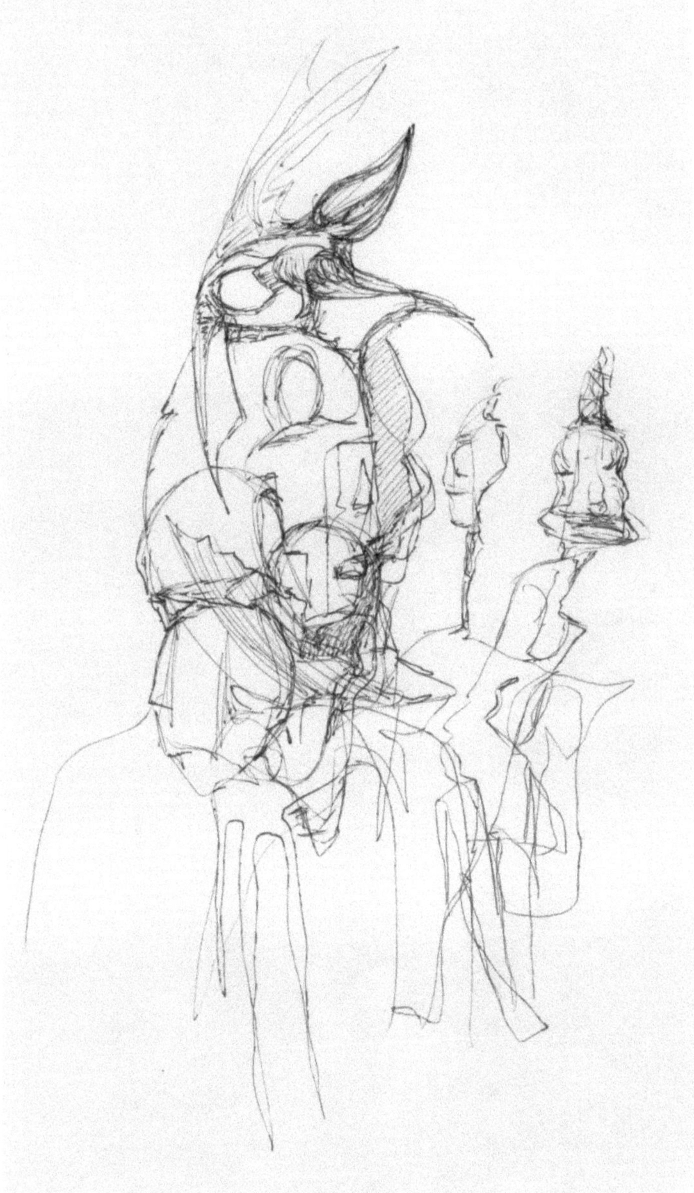

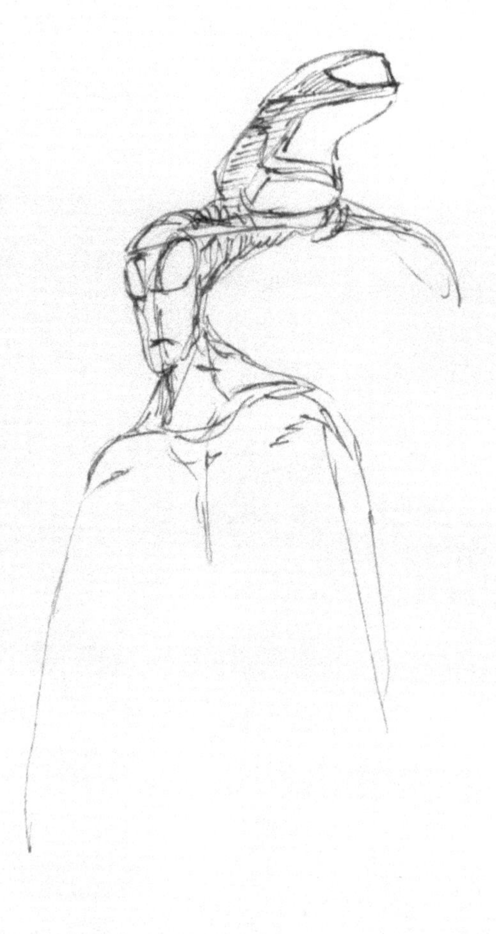

Der fremde Punkt
der äußere Eine
weg unter
liegt unter
die Seele.

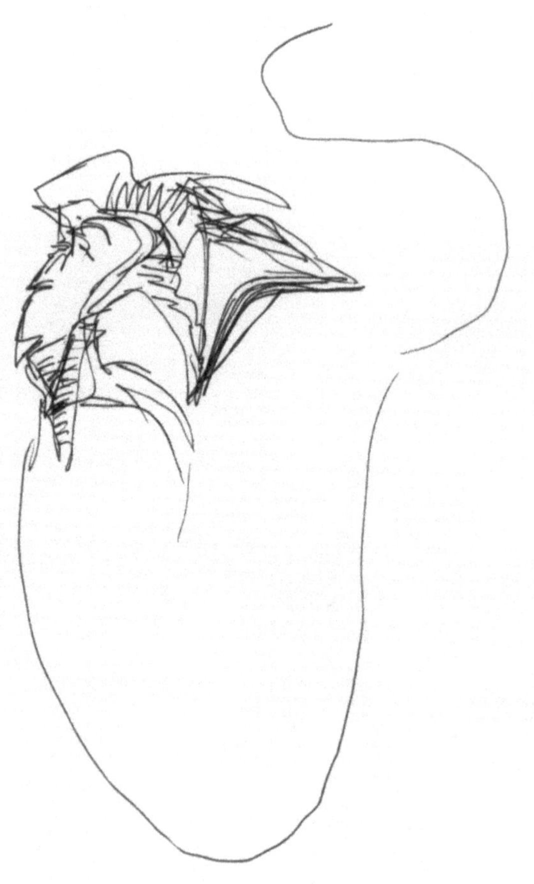

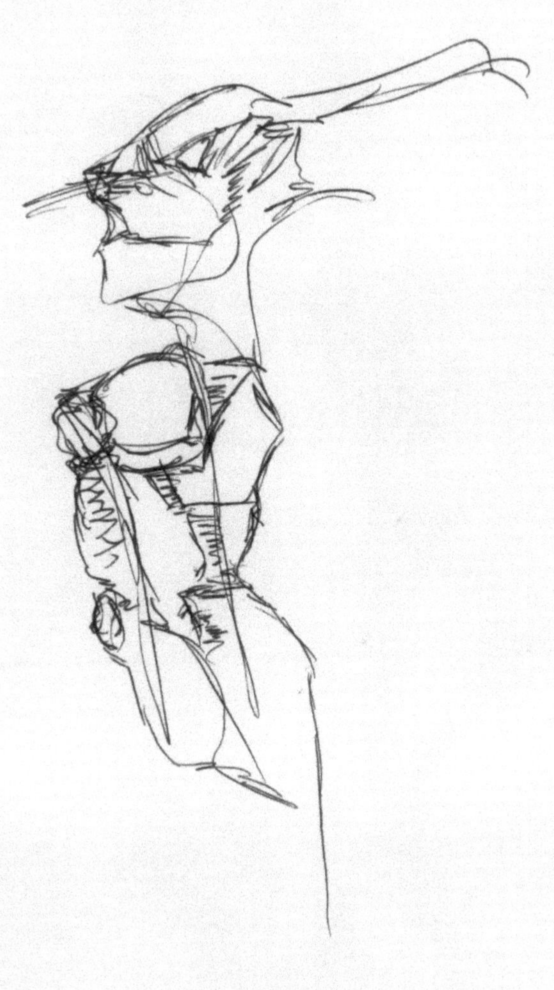

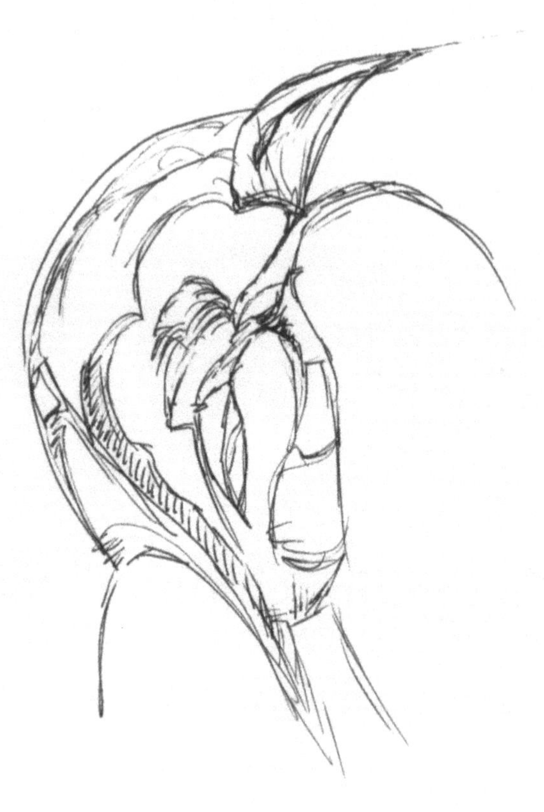

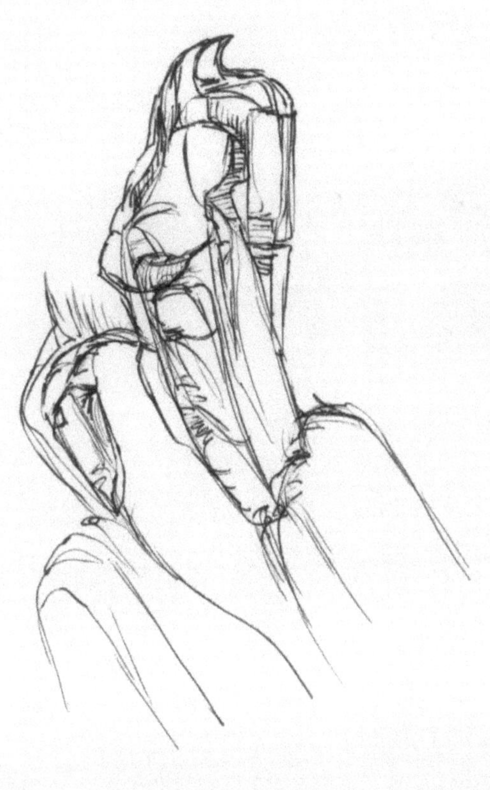

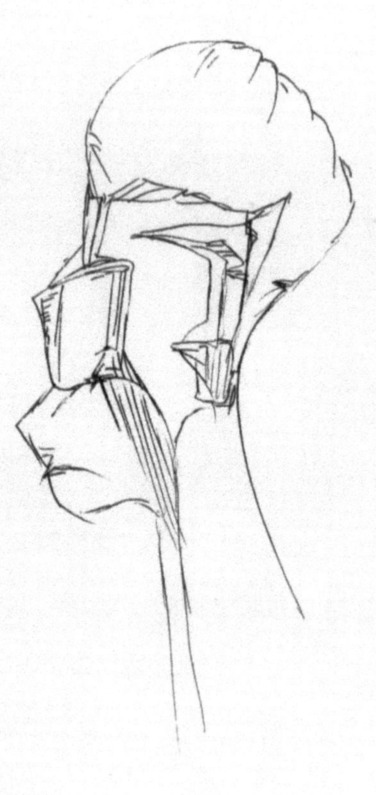

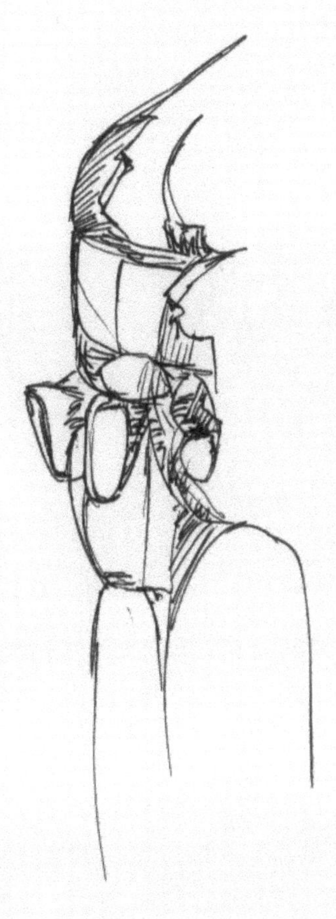

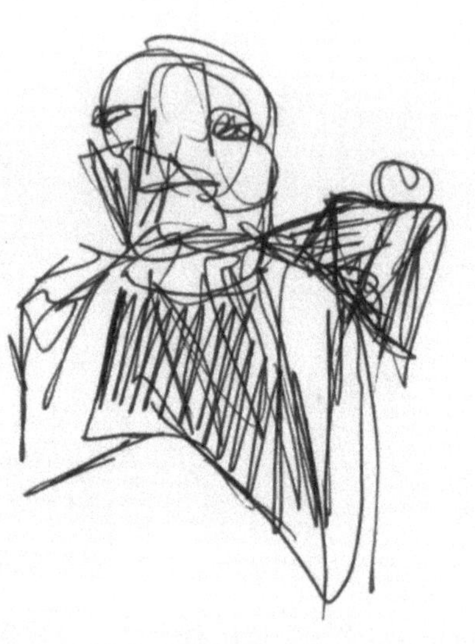

Eine unter unter dich.

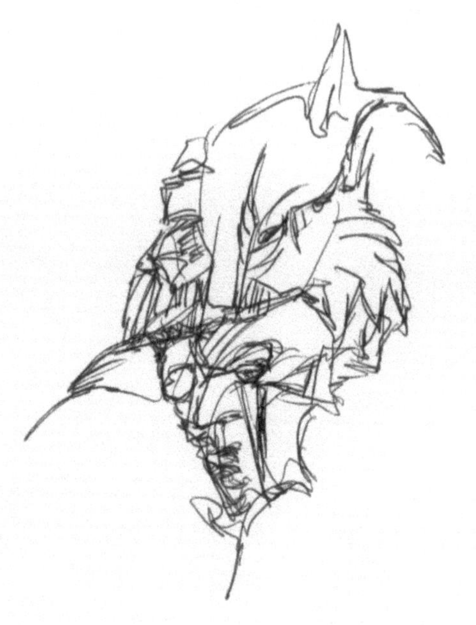

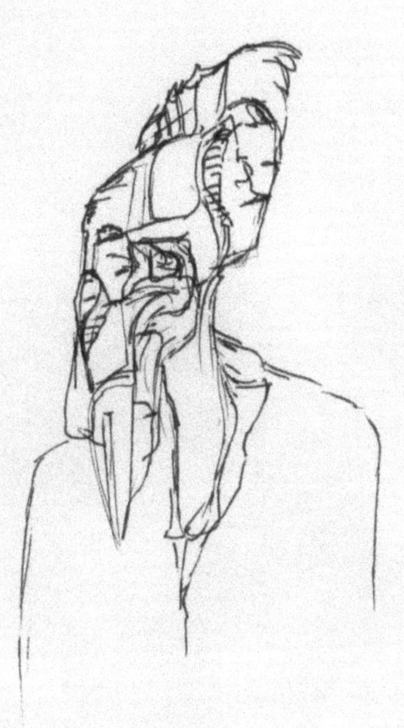

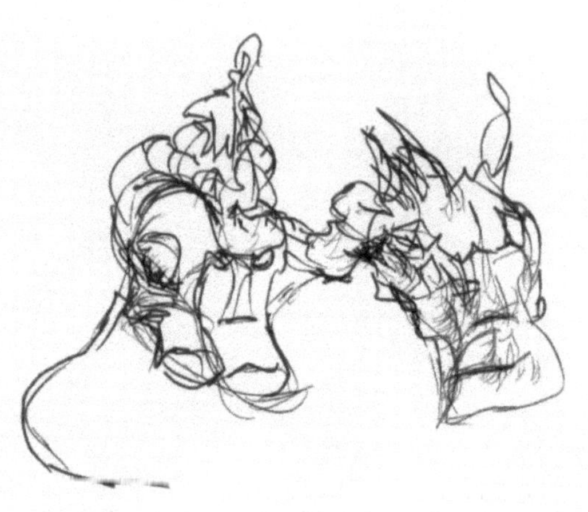

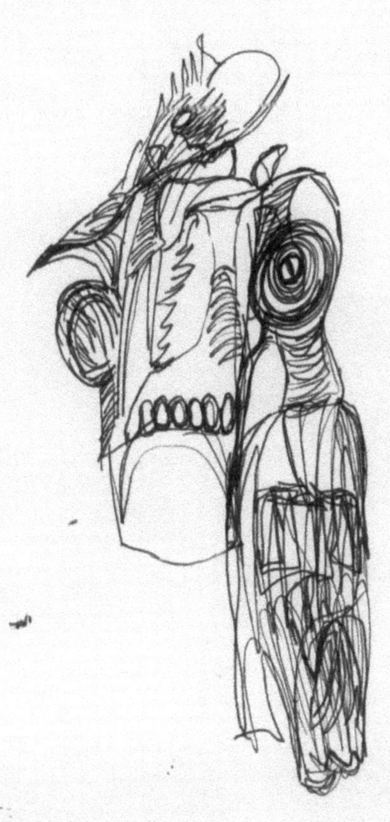

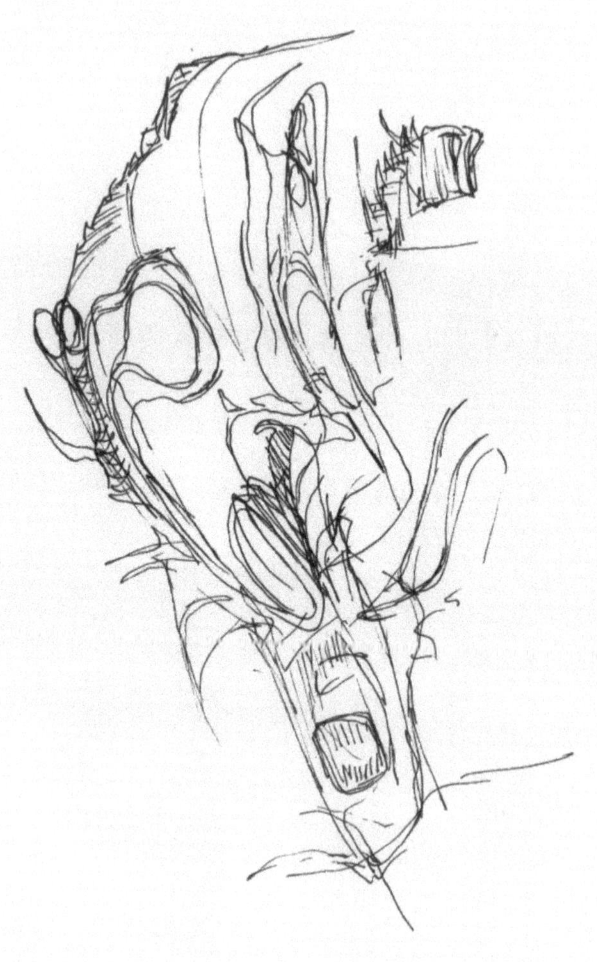

Natürlich sozialisiert.

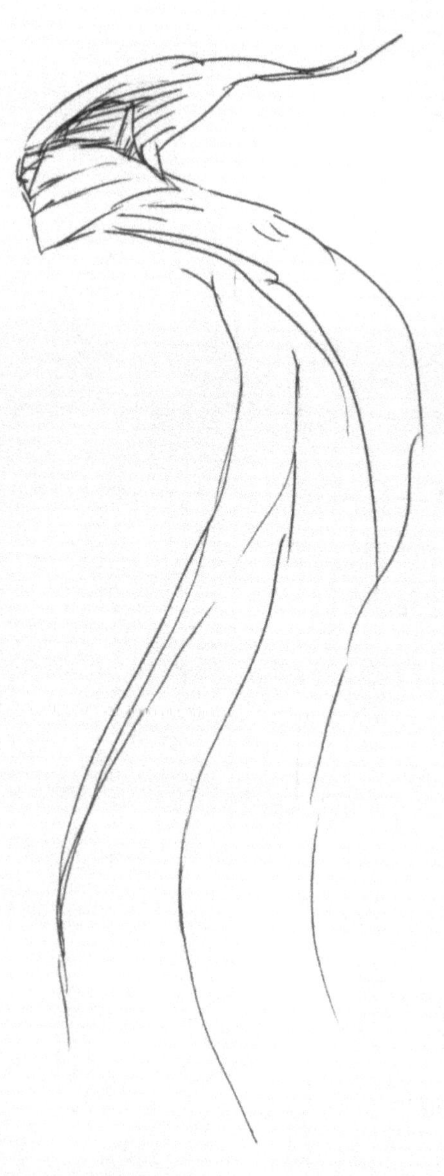

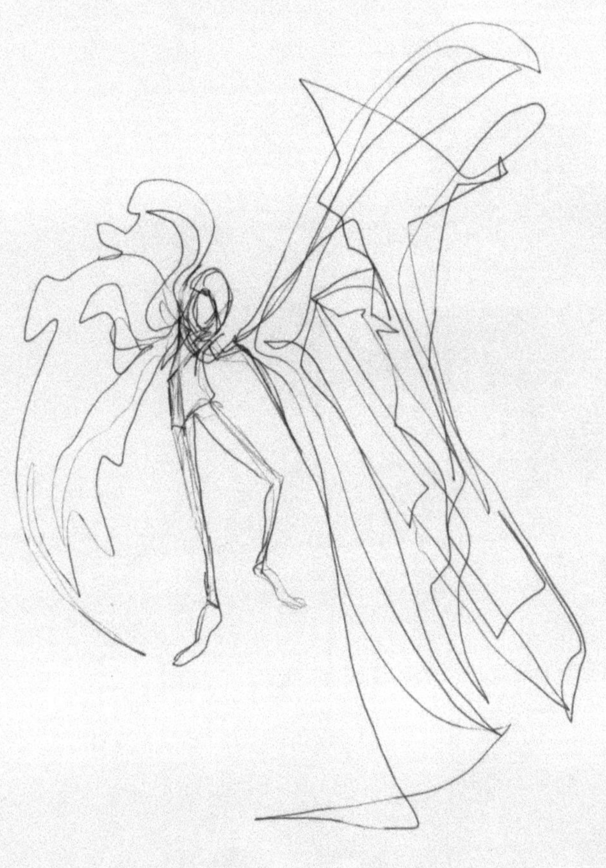

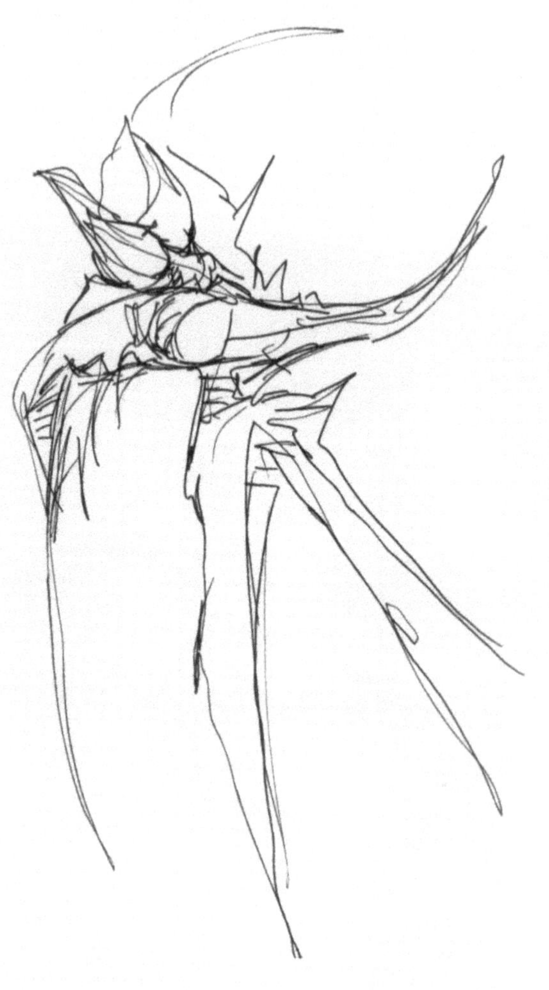

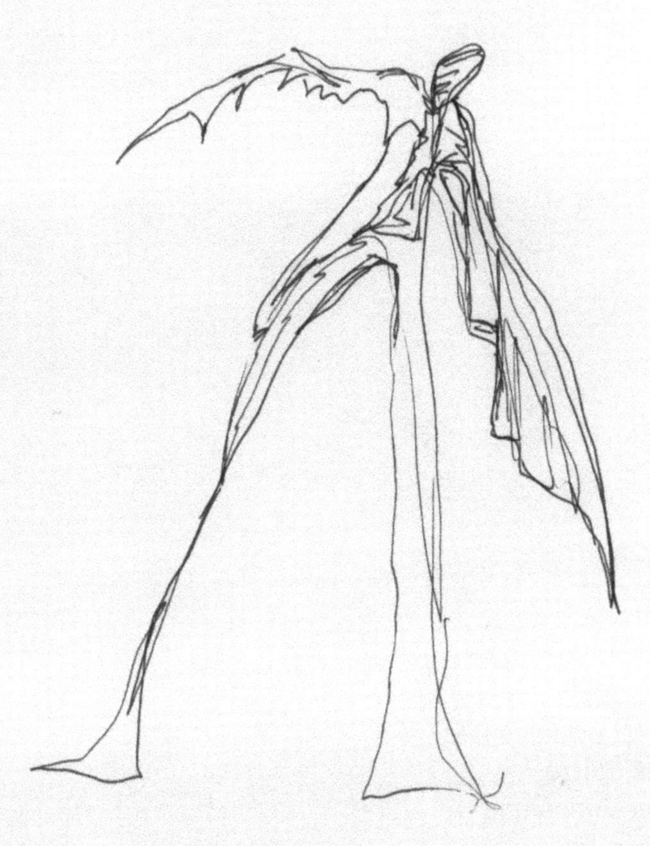

Ein bewegtes Bild
als Stütze
der Erinnerung
ohne Hallo
der Reaktion
misslegen
misslegen
für
ein Positiv.

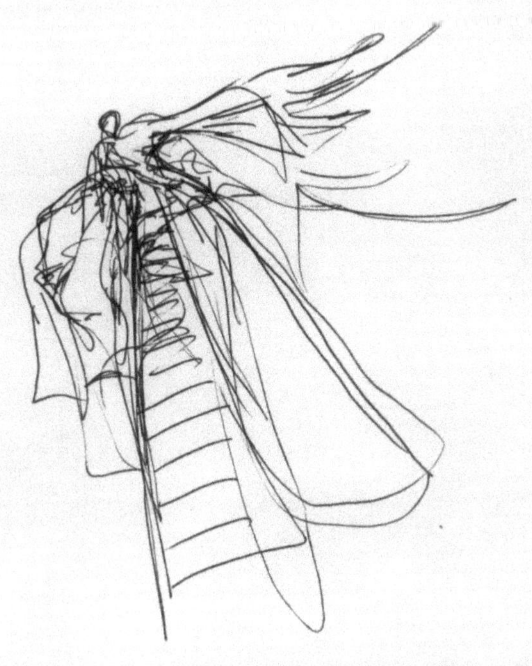

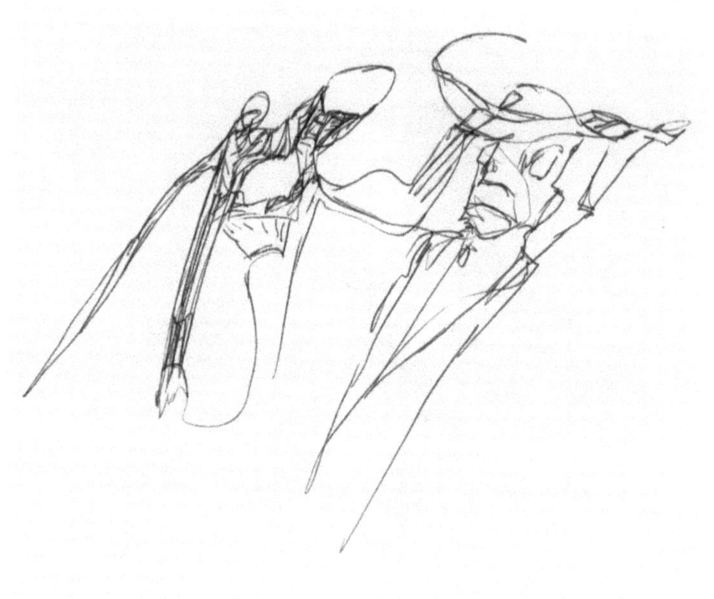

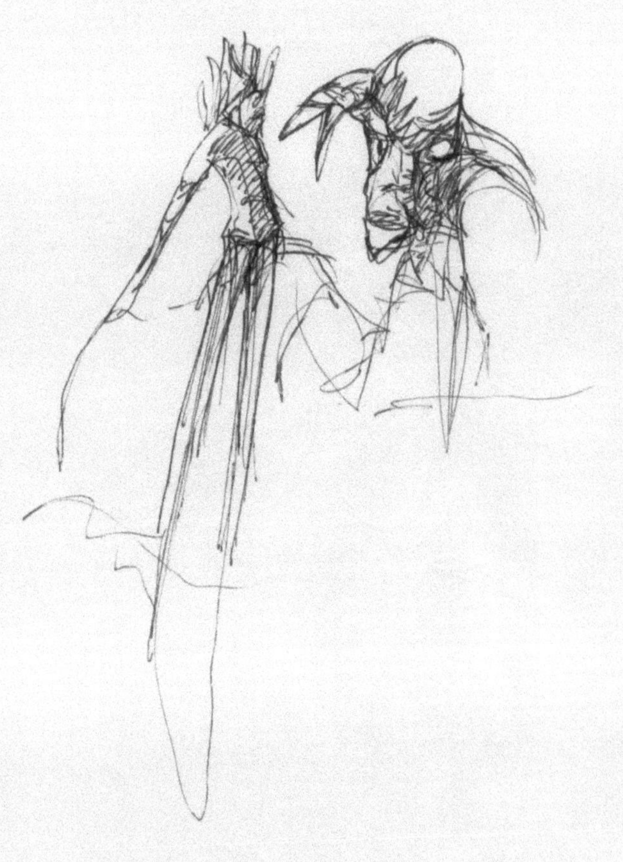

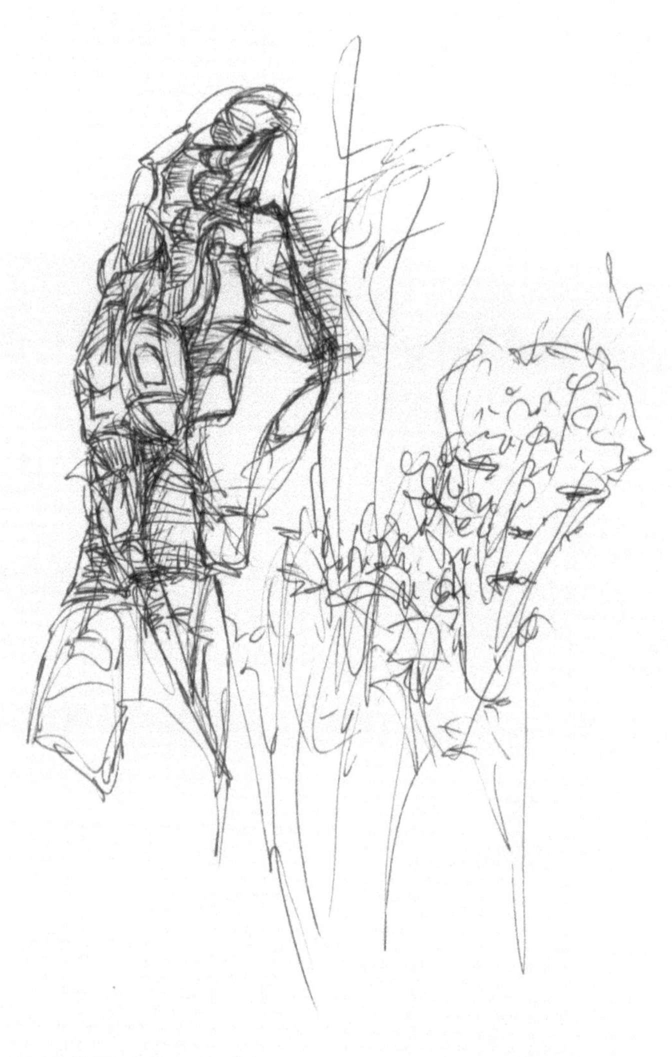

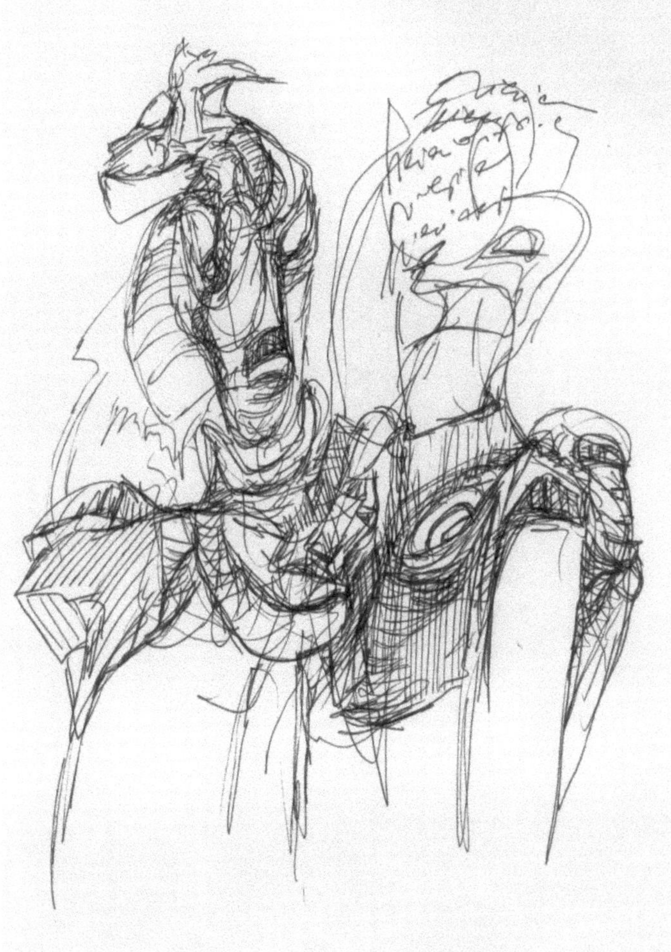

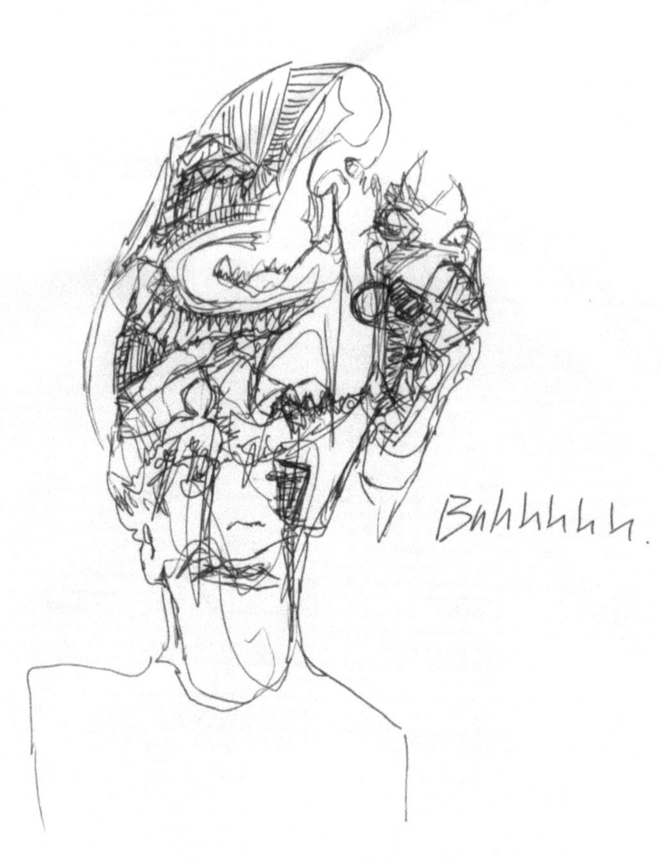

Buhhhhh.

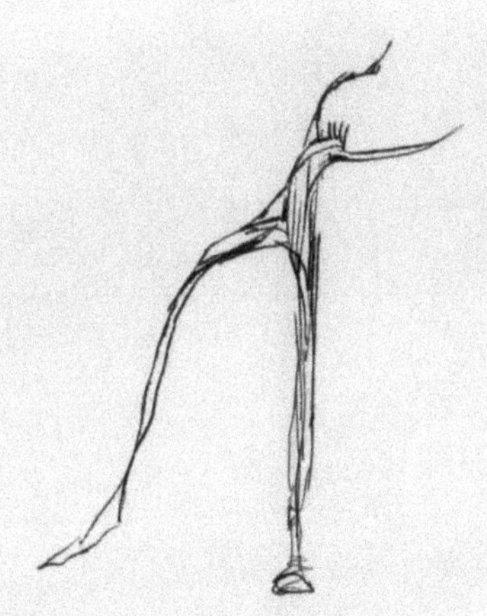

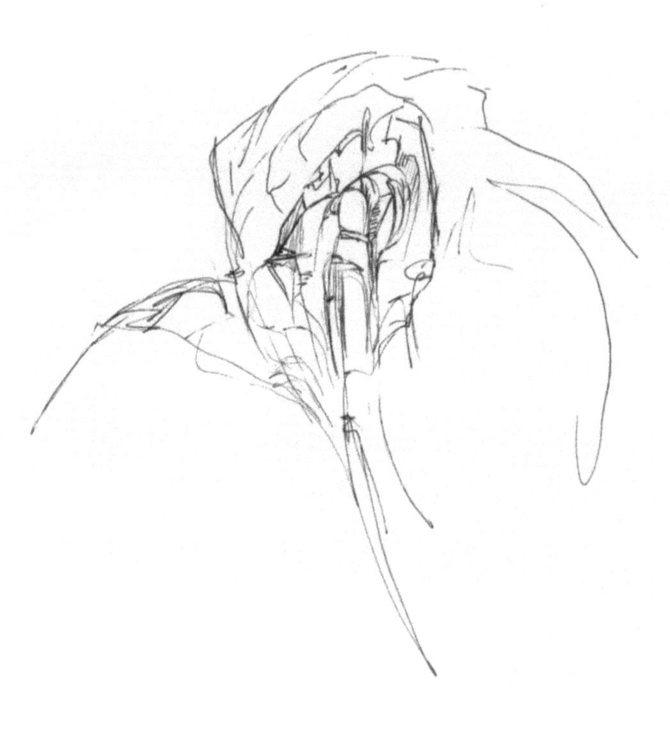

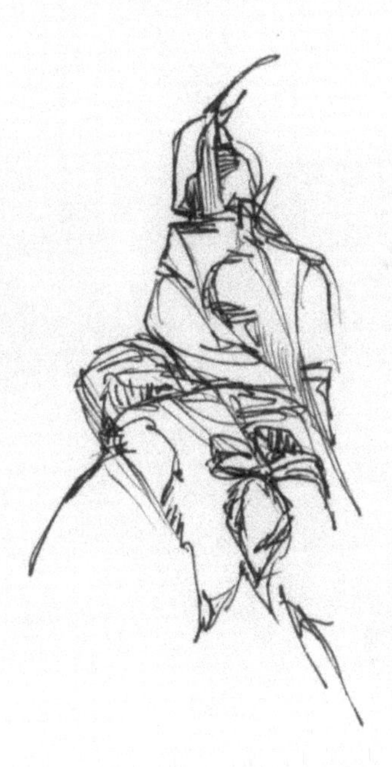

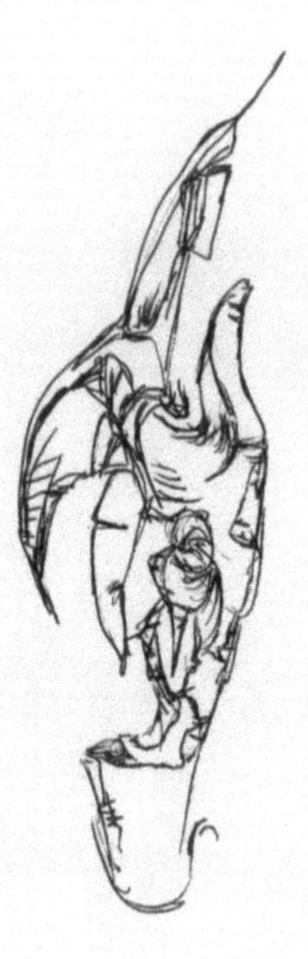

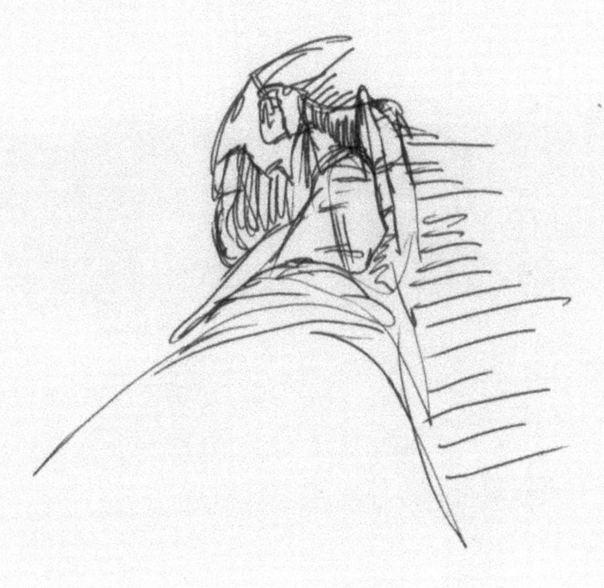

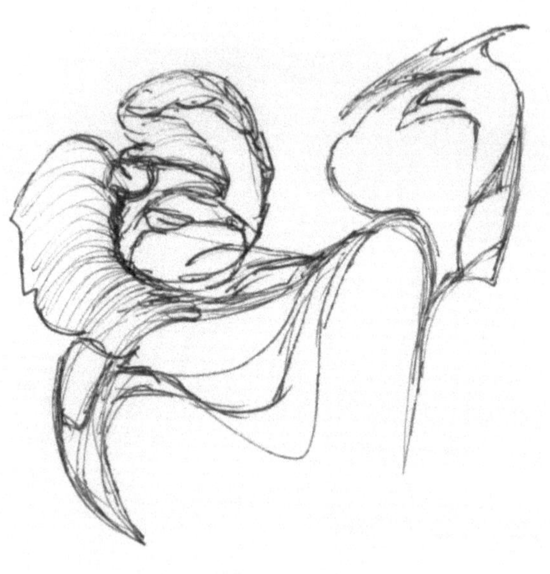

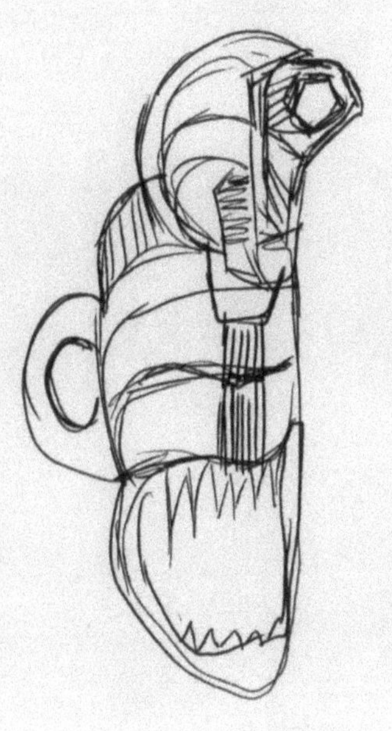

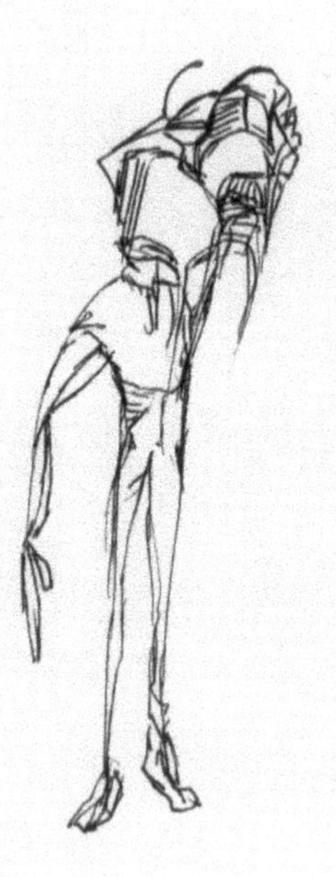

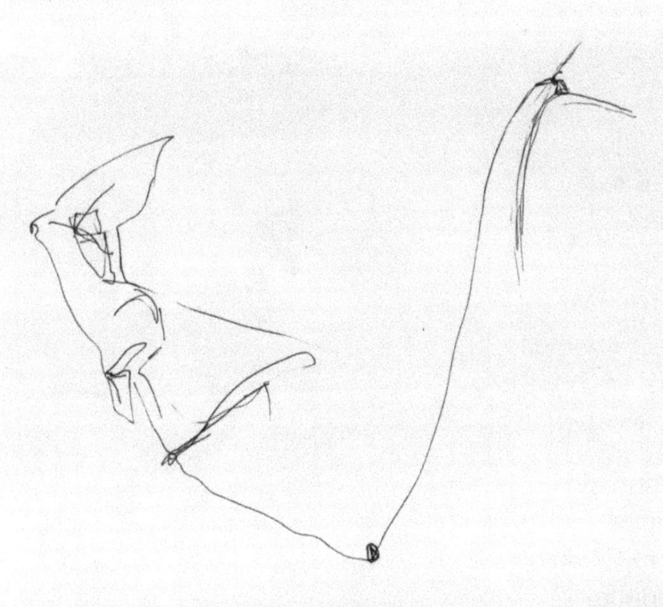

Wenn ein
Minus
eine Reaktion
verlangt
die Sprache
im Ansatz
zerstört...
... Zerstört
die Kommunikation
als selbst...
Als Hallo. Hallo.
Wie geht's?

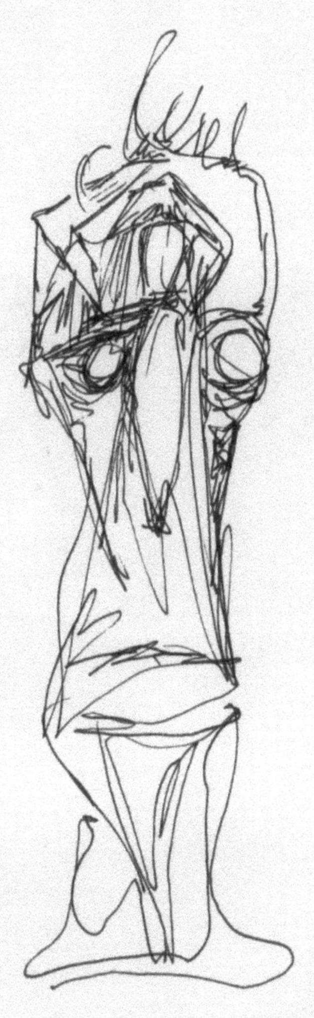

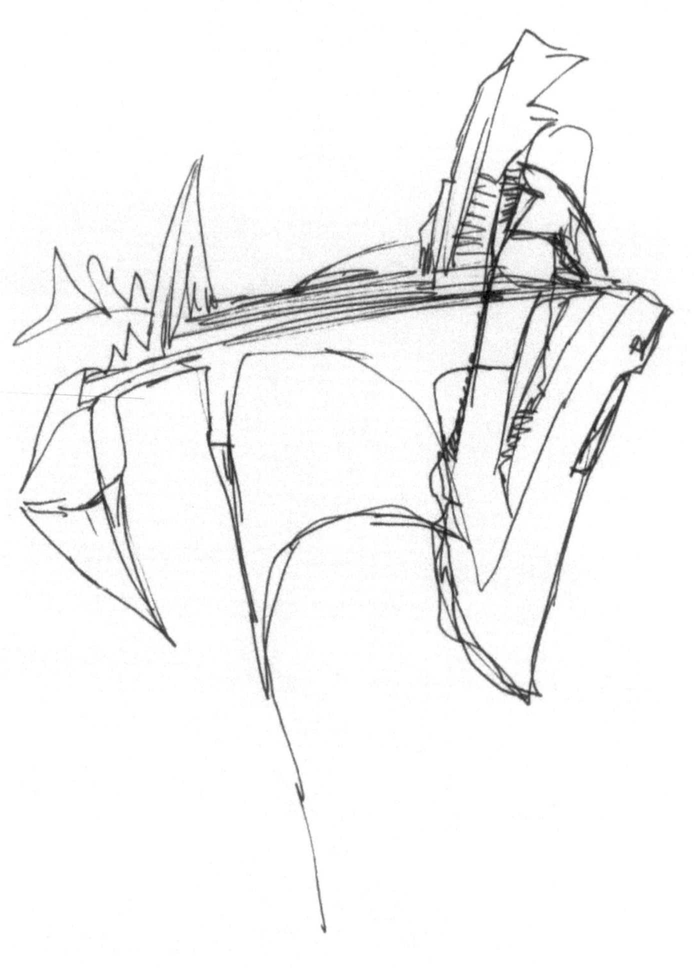

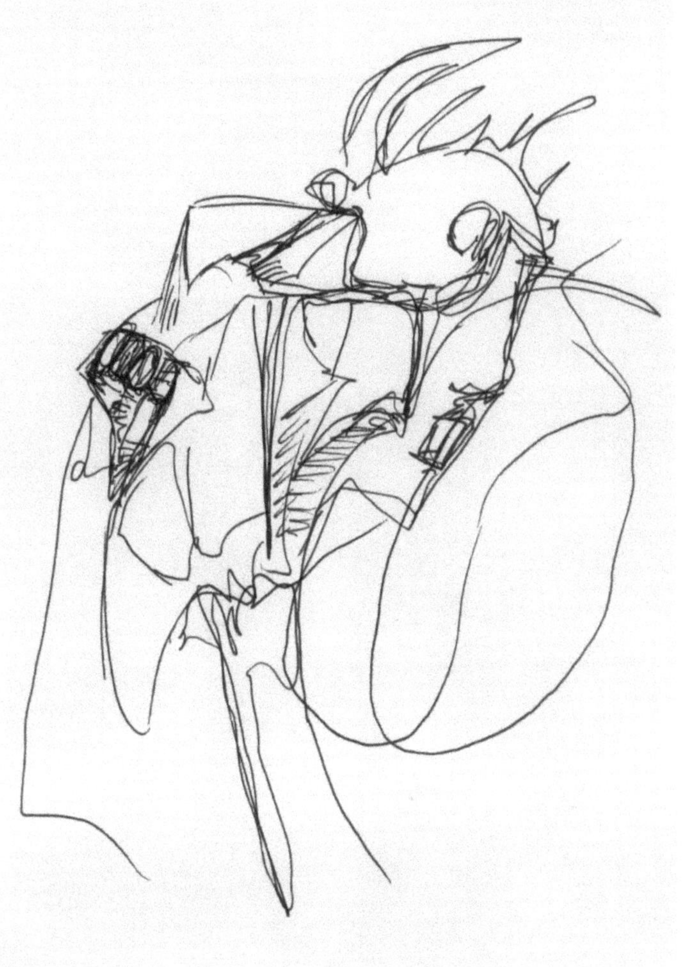

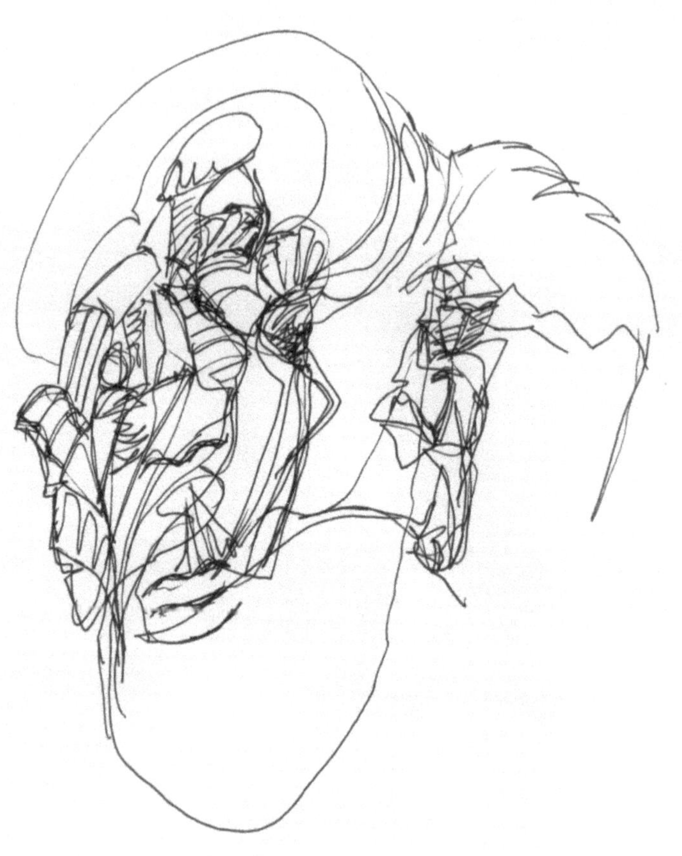

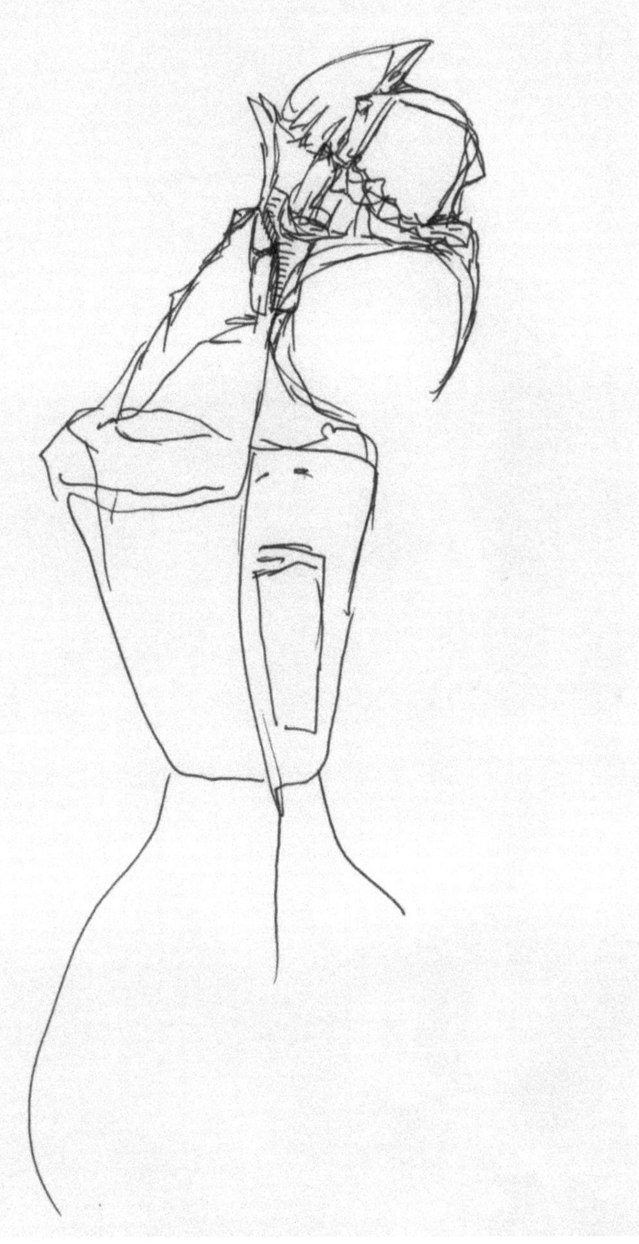

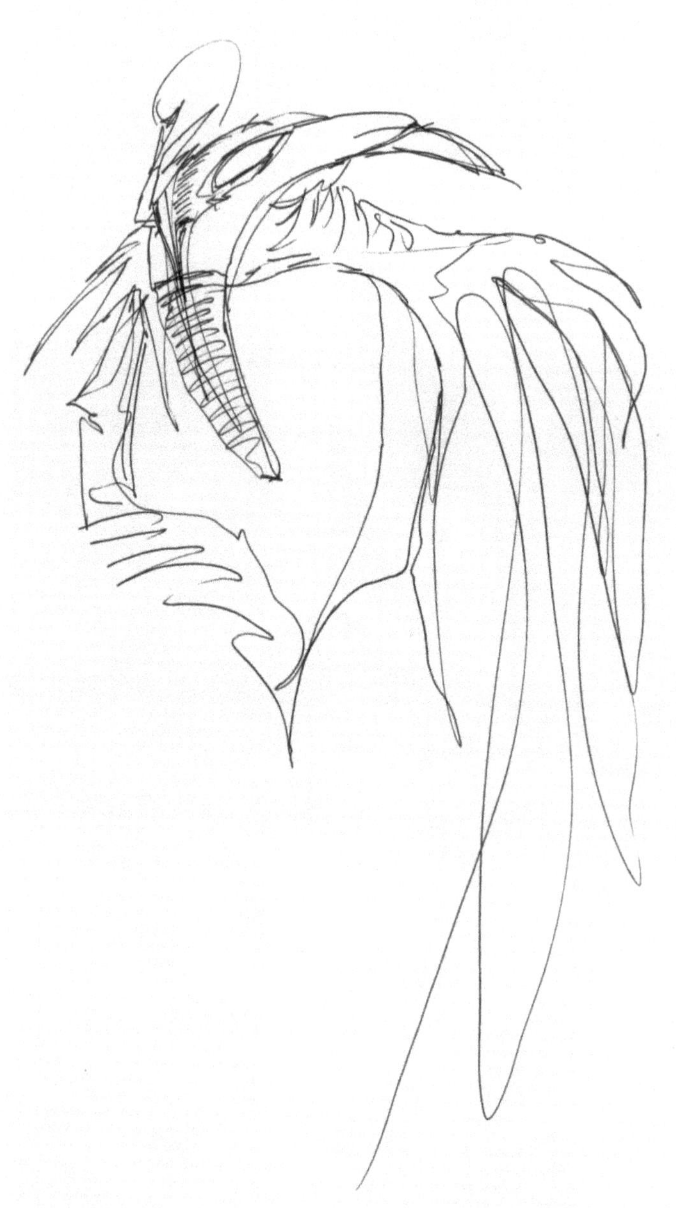

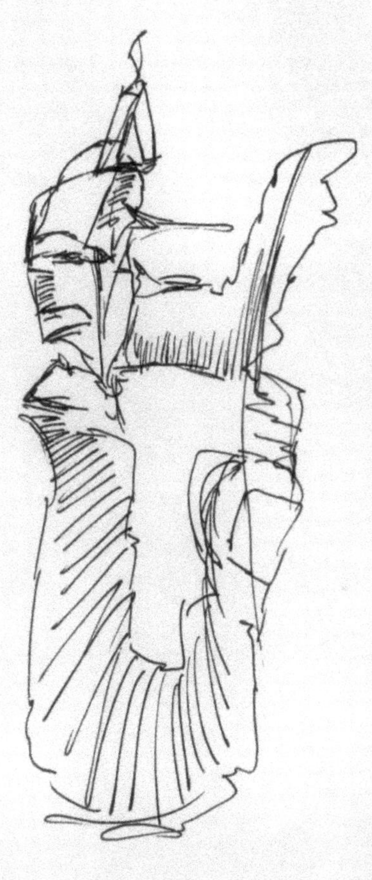

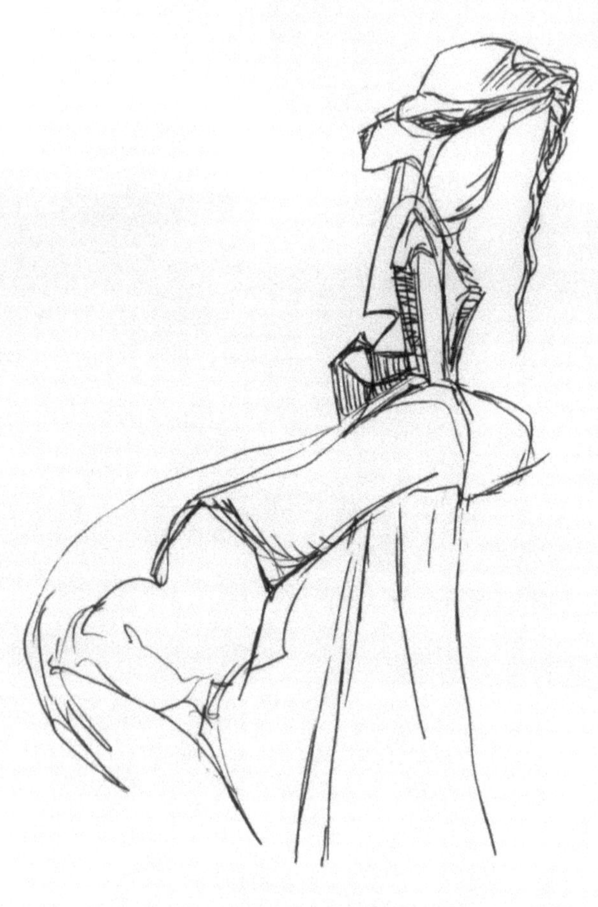

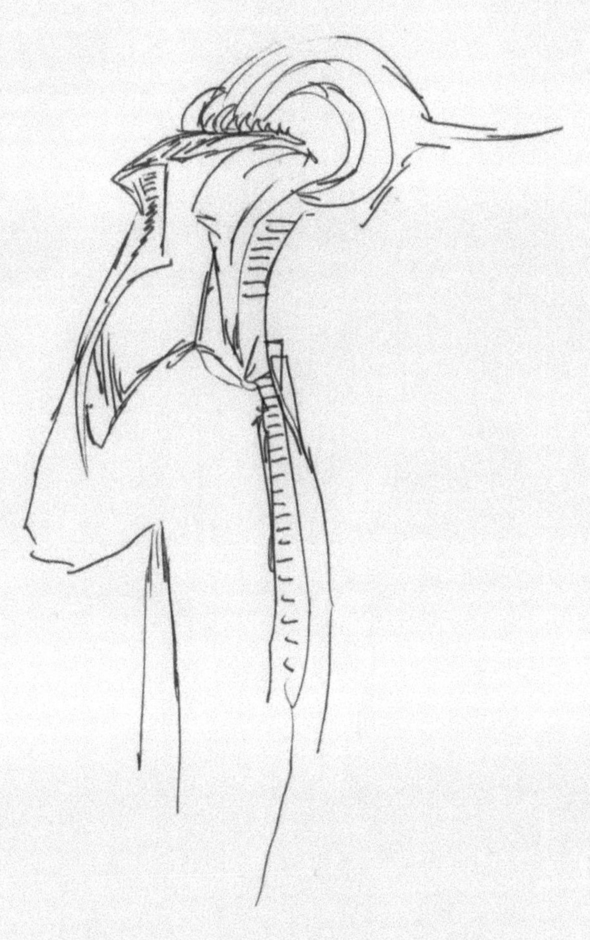

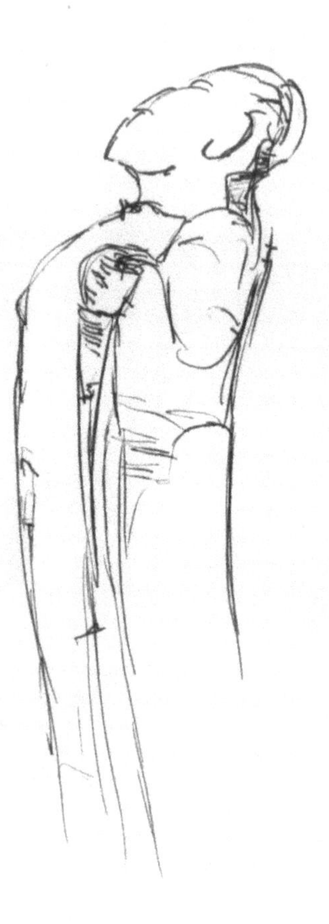

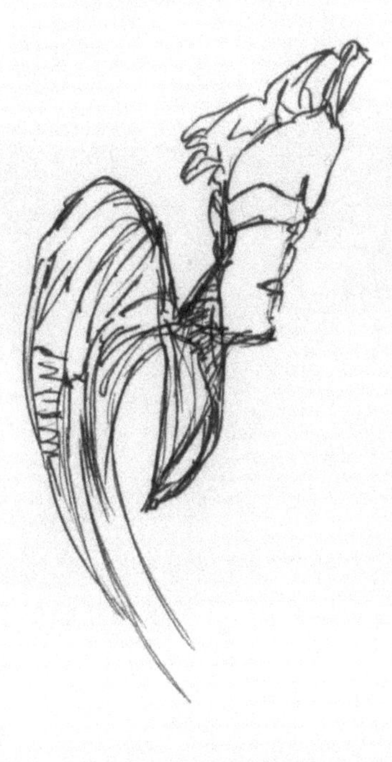

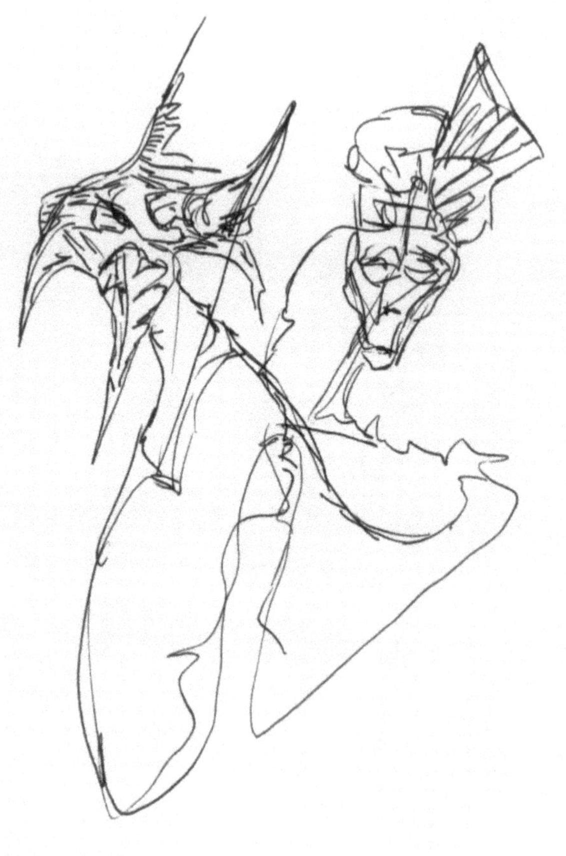

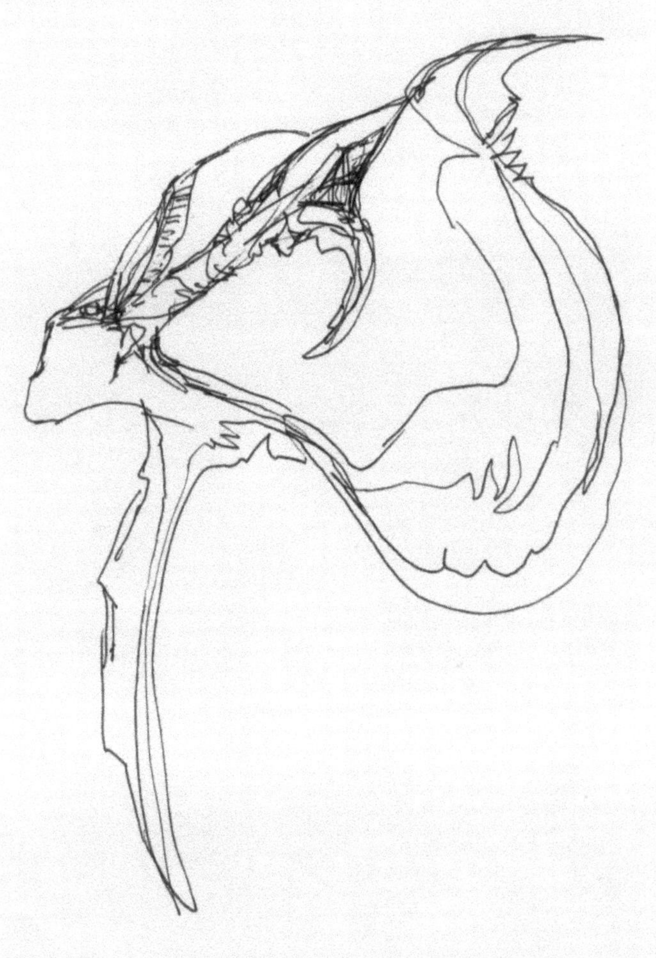

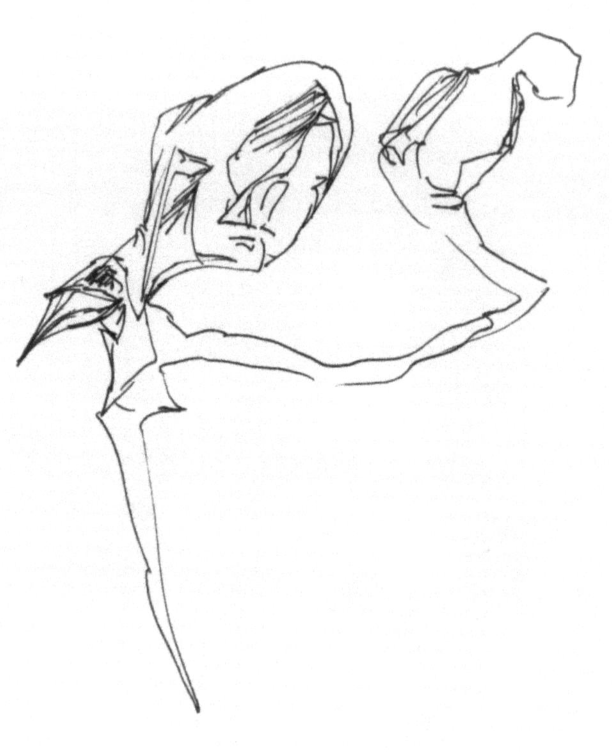

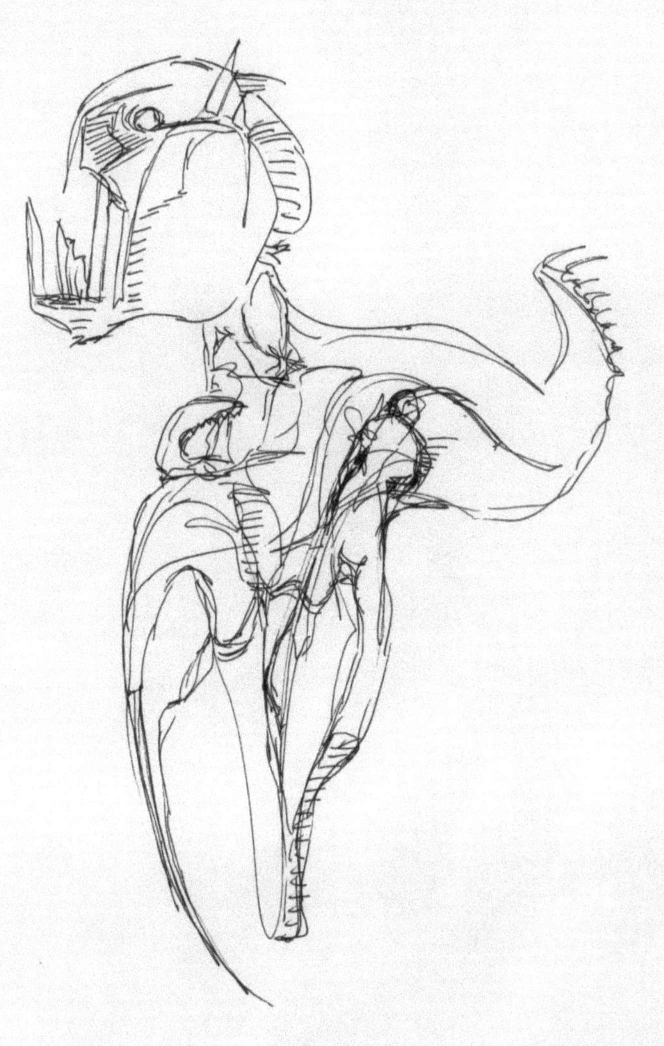

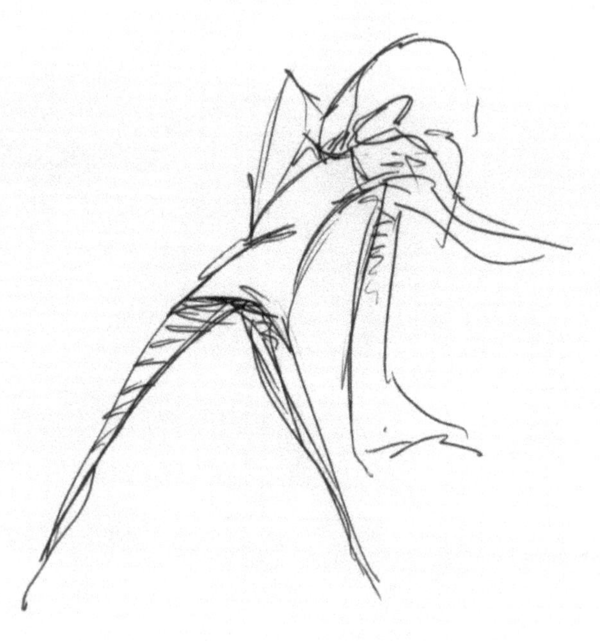

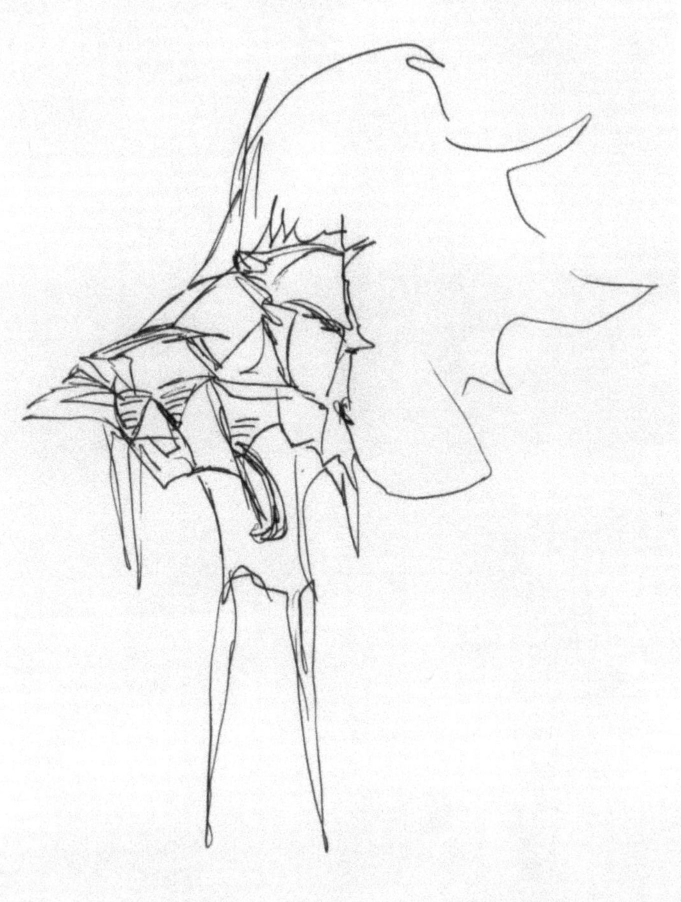

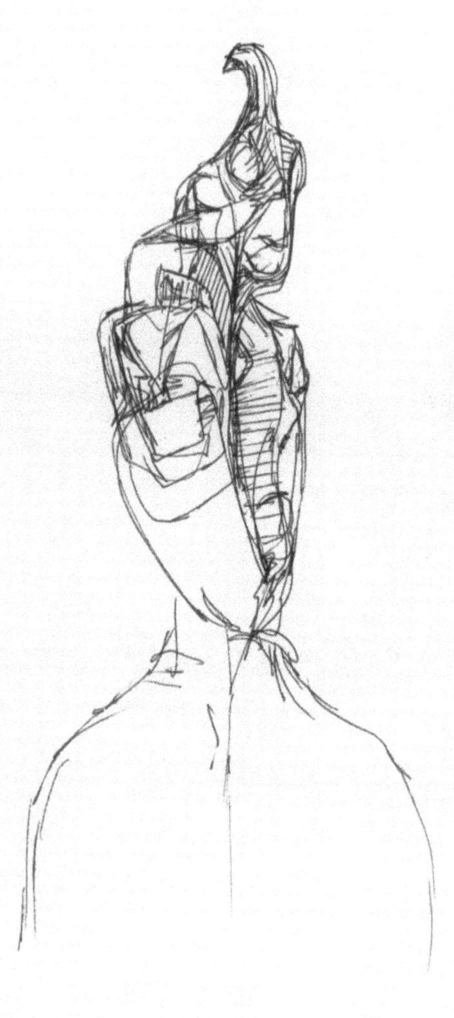

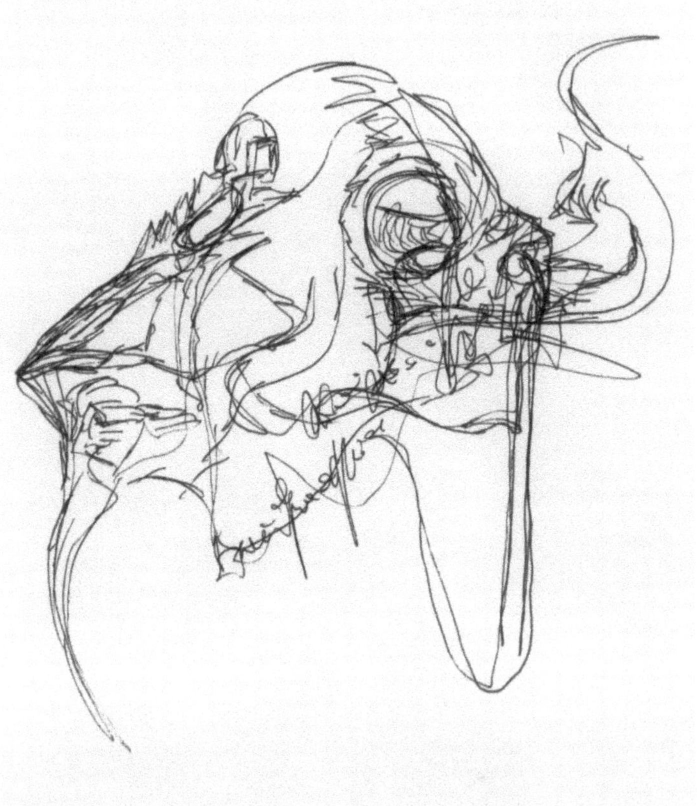

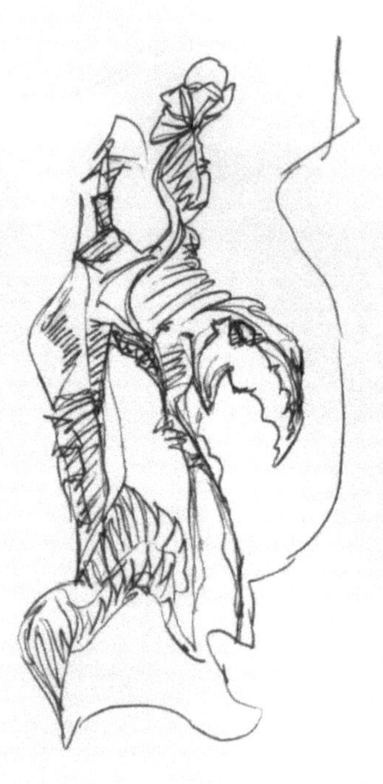

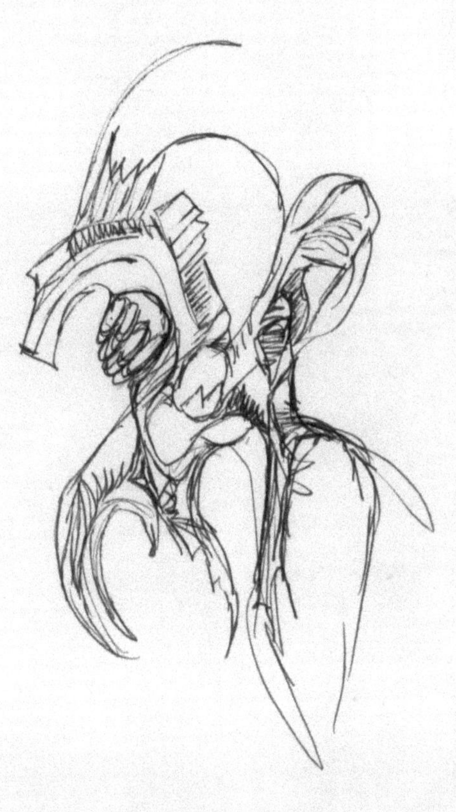

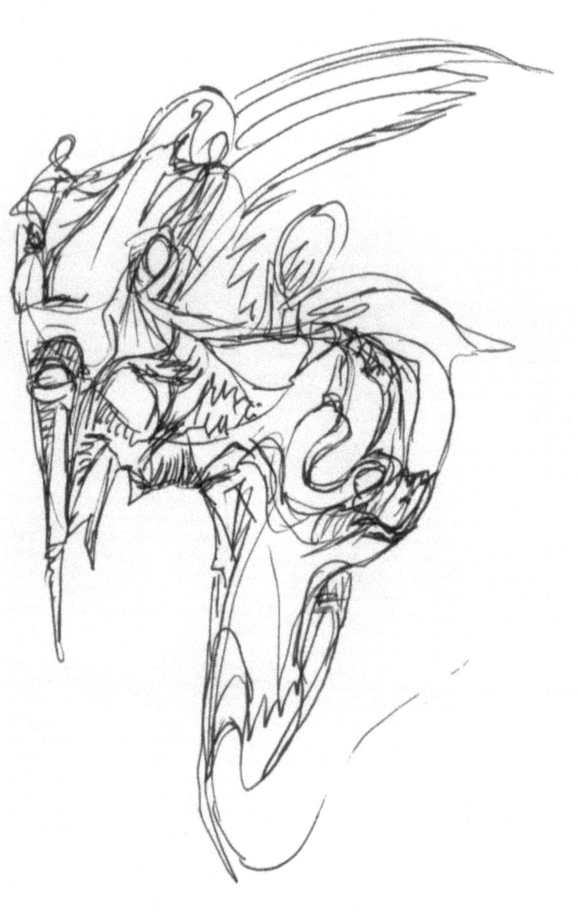

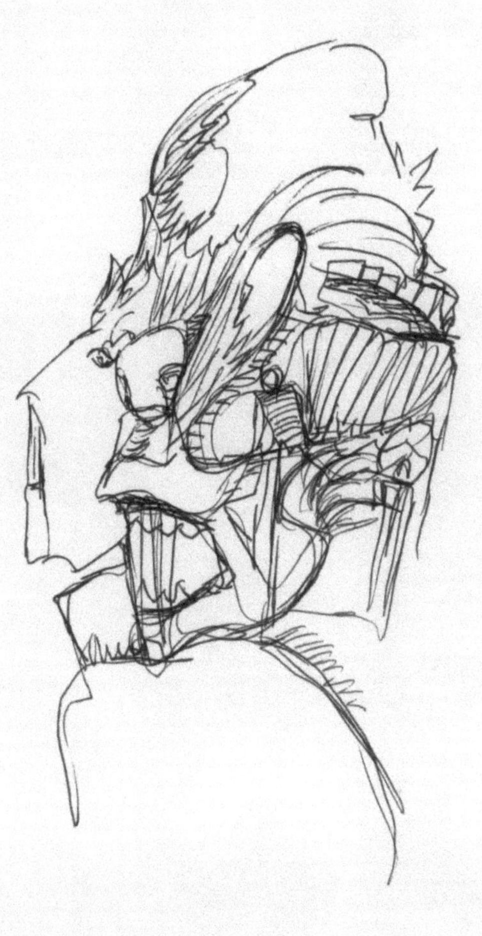

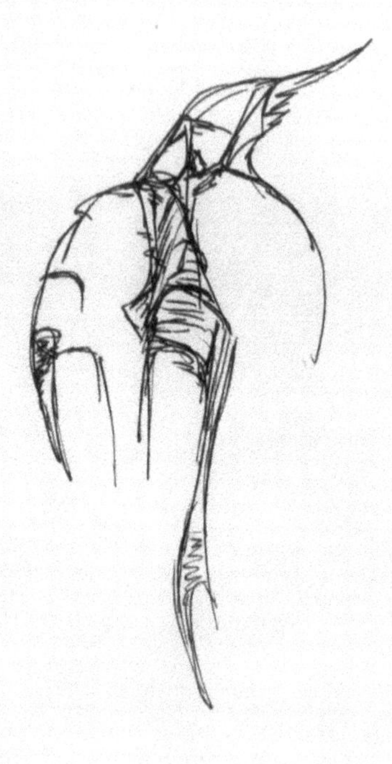

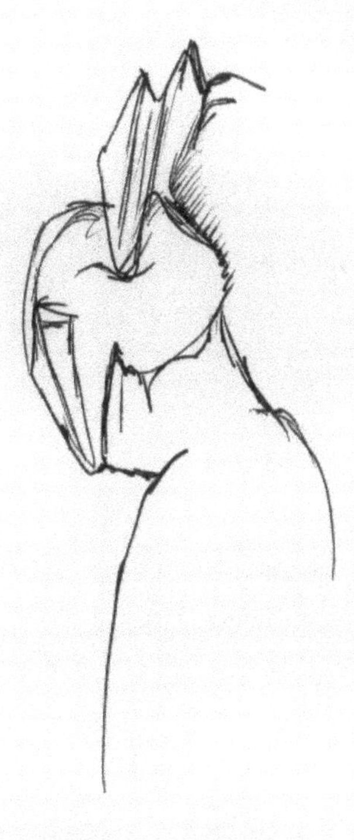

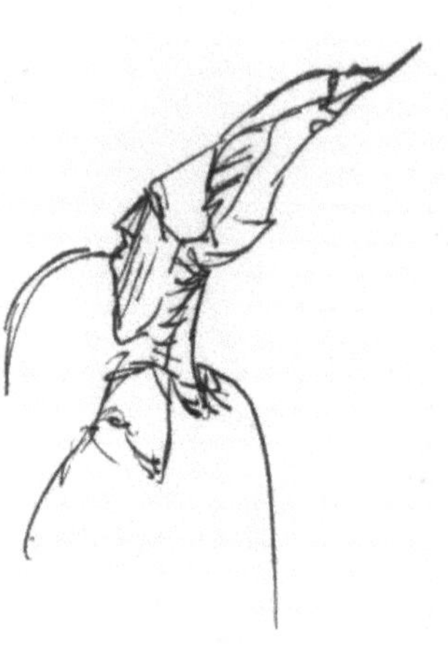

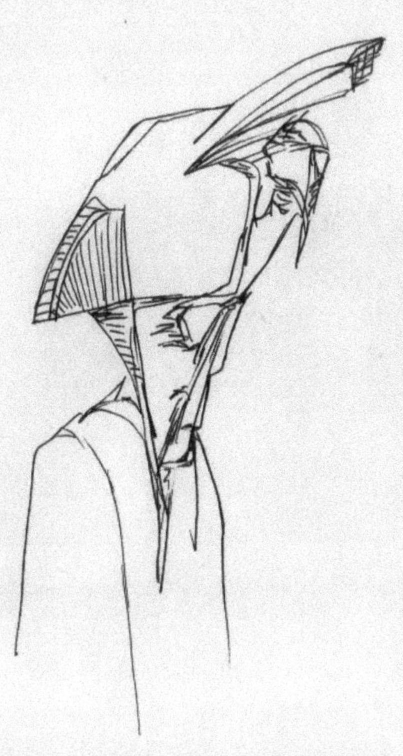

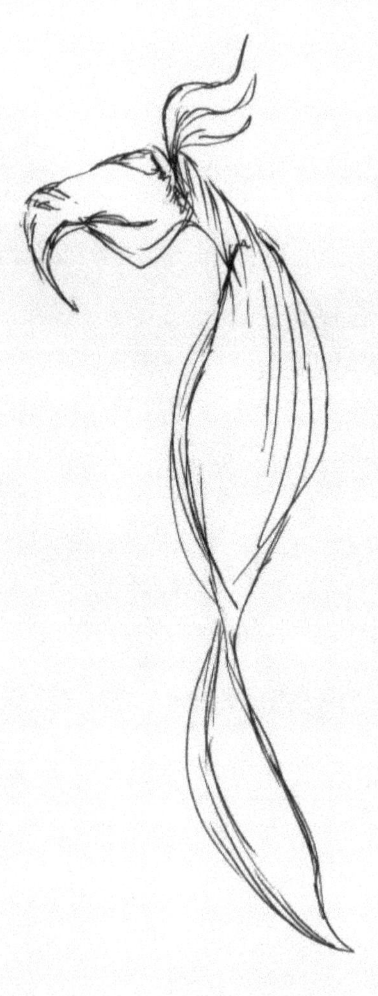

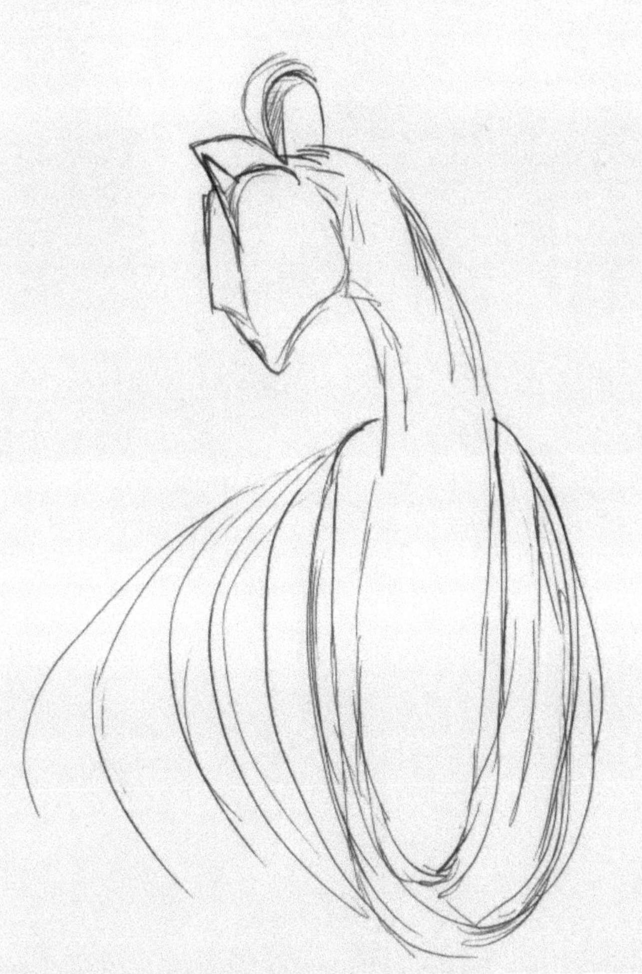

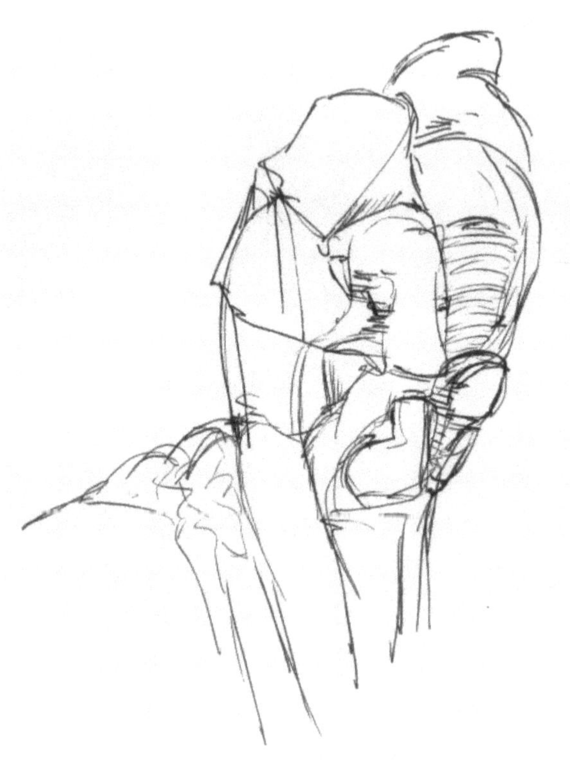

Leise schweige ich
beim 12. Mal.
Mondlicht erhellt das Zimmer,
wenn die Zeiger aufeinander treffen.
Wind schneidet den Raum,
ich atme tief durch.
Nichts rührt sich.
Mein Blick
wendet sich zum Ziffernblatt.
Der Zeiger ist
weiter gerückt.

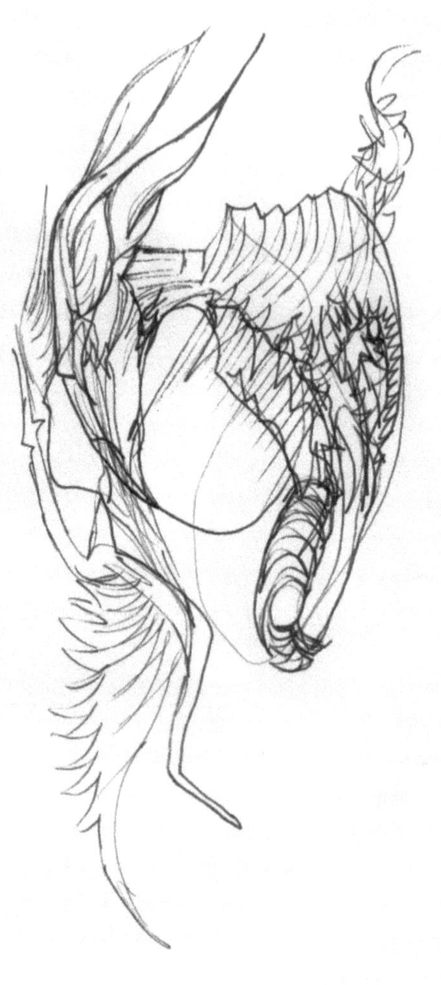

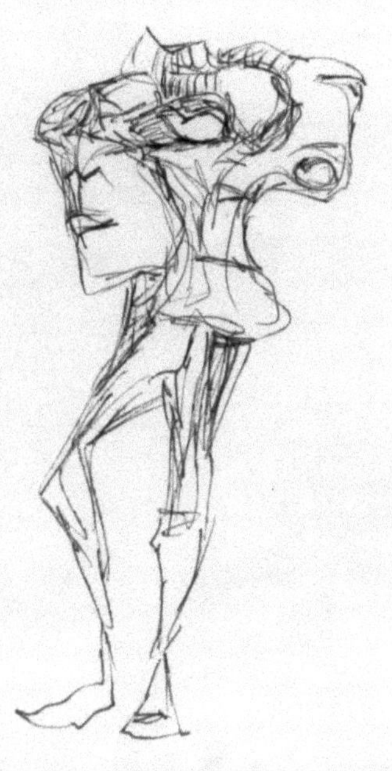

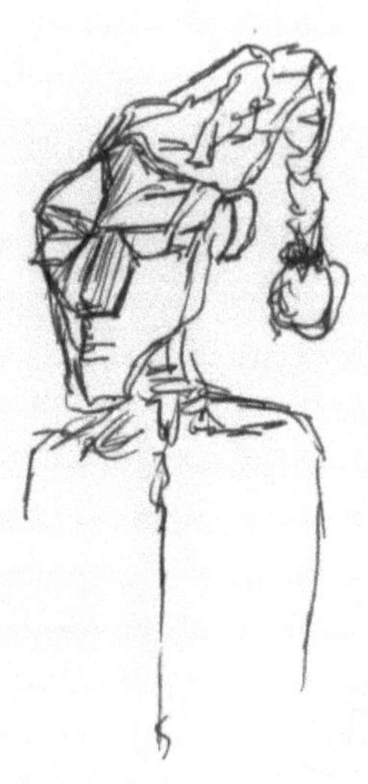

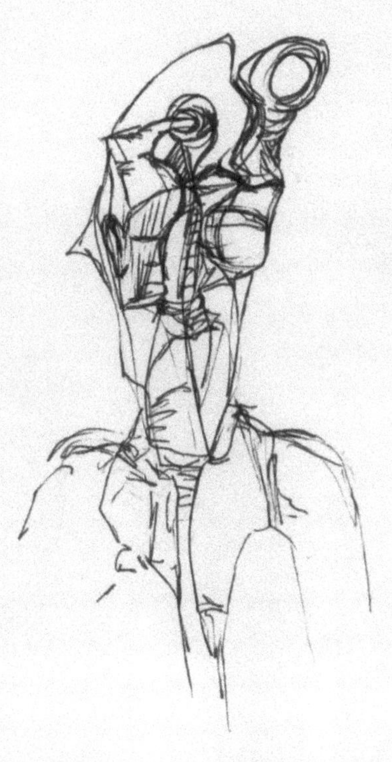

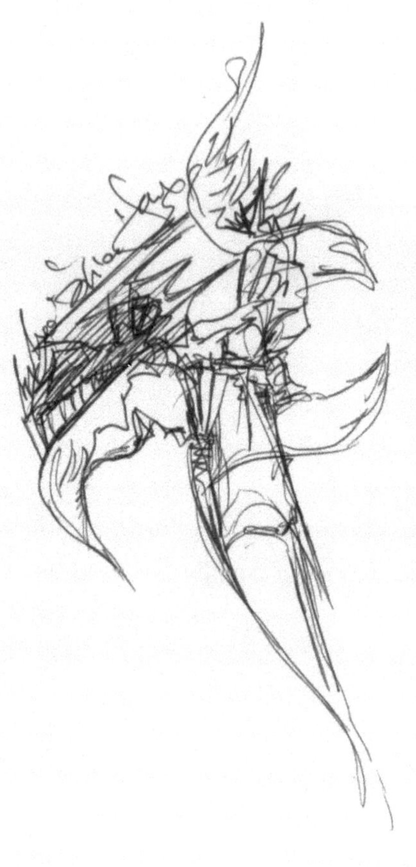

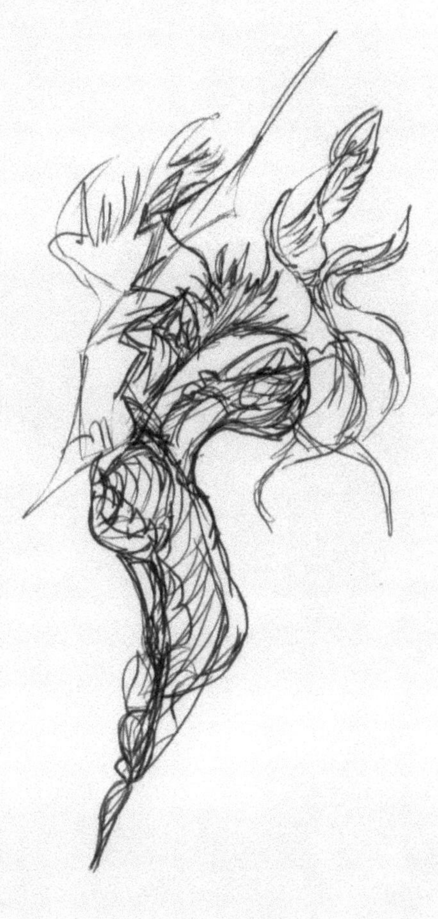

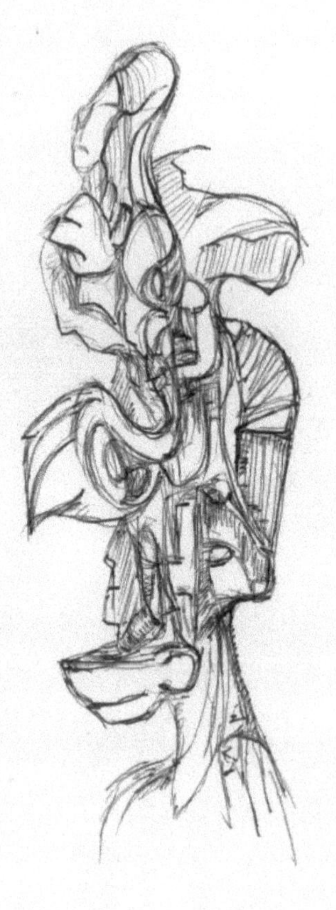

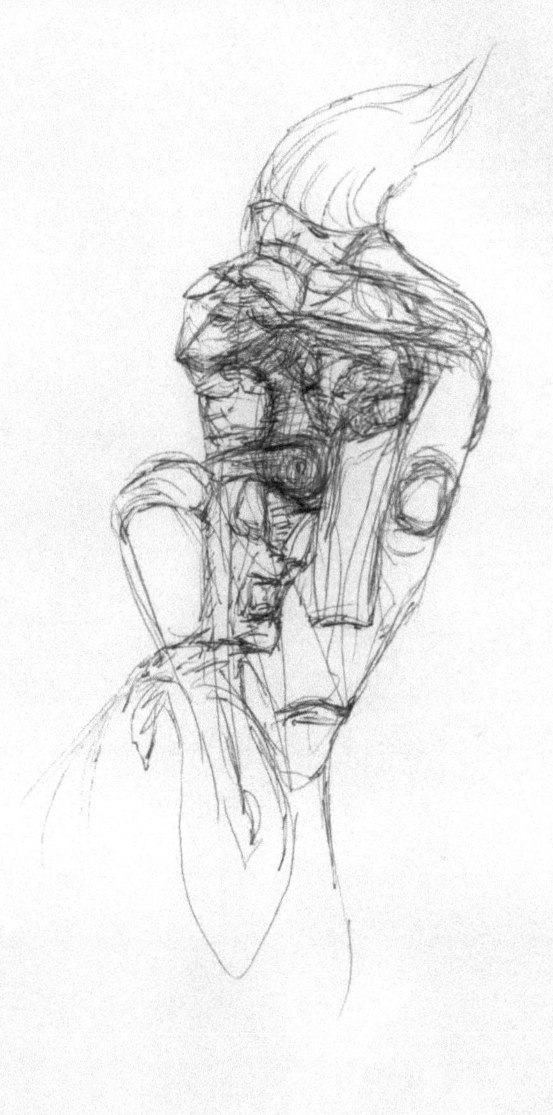

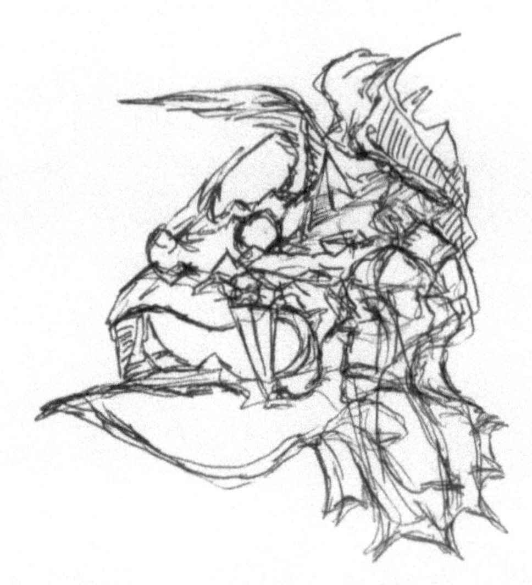

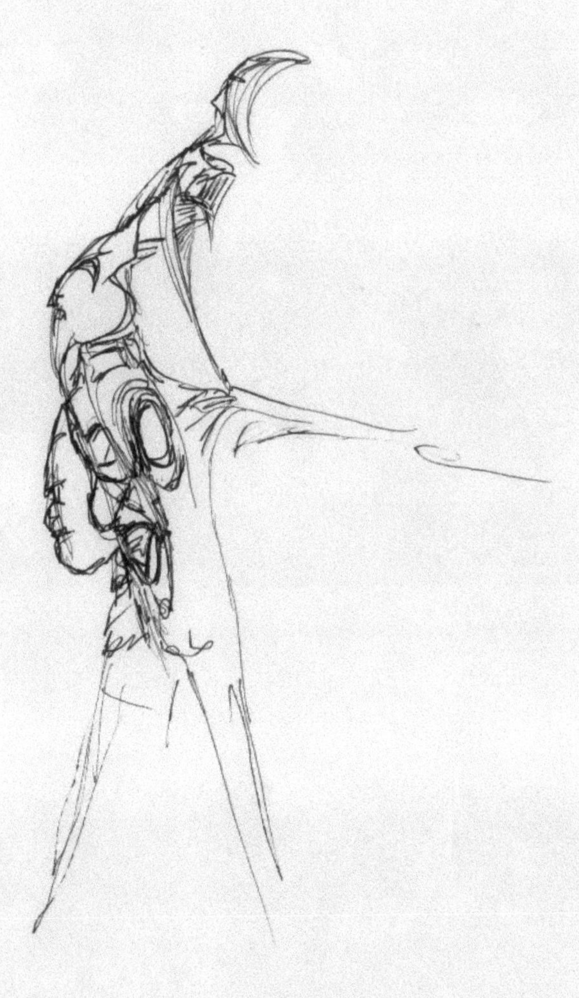

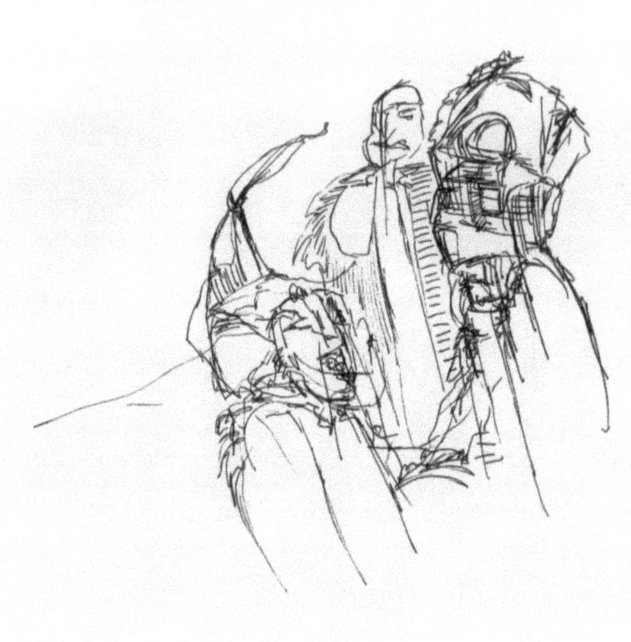

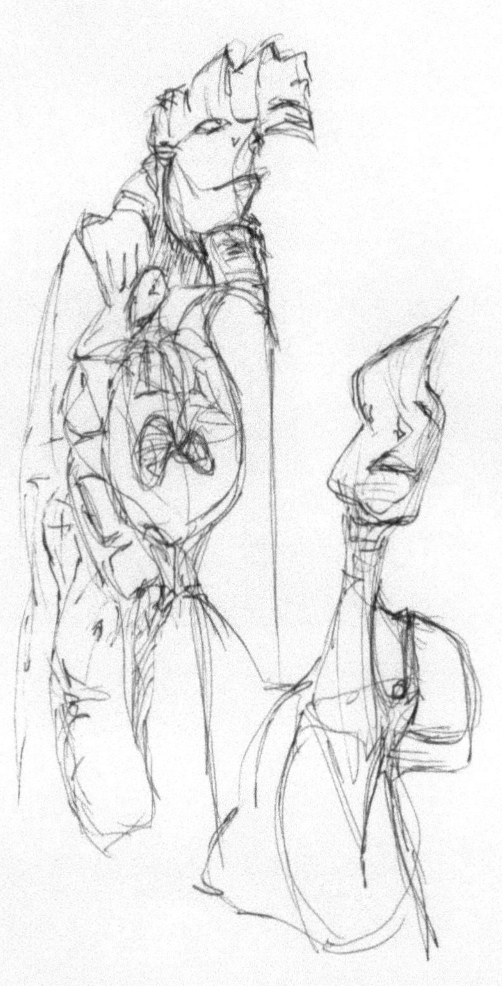

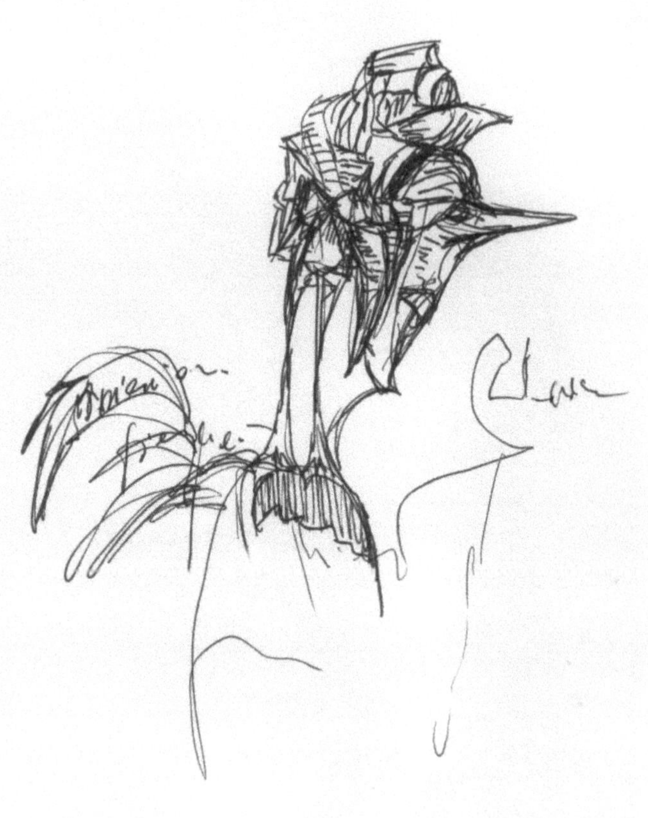

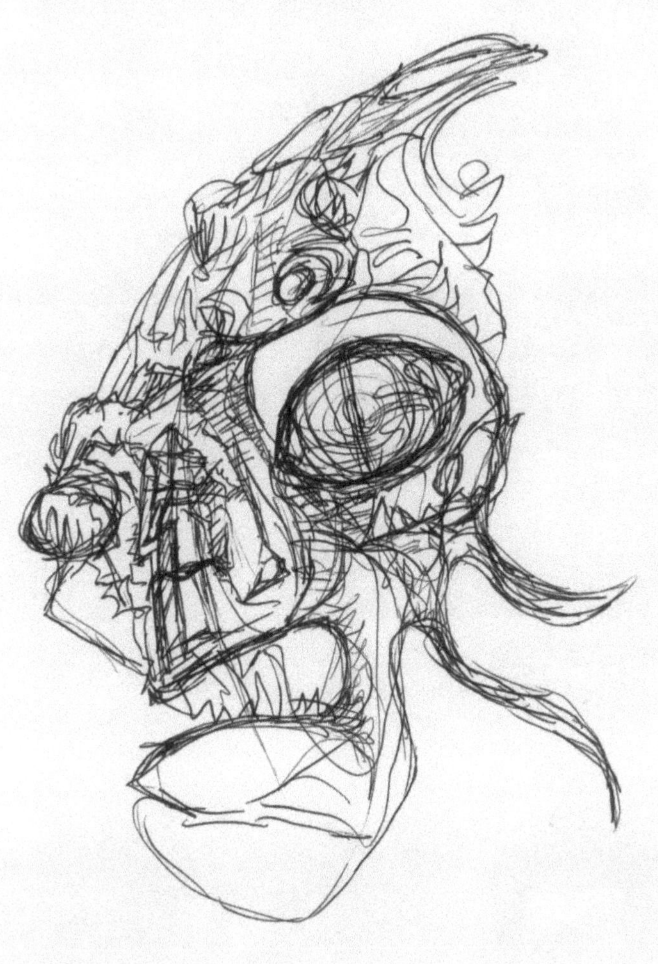

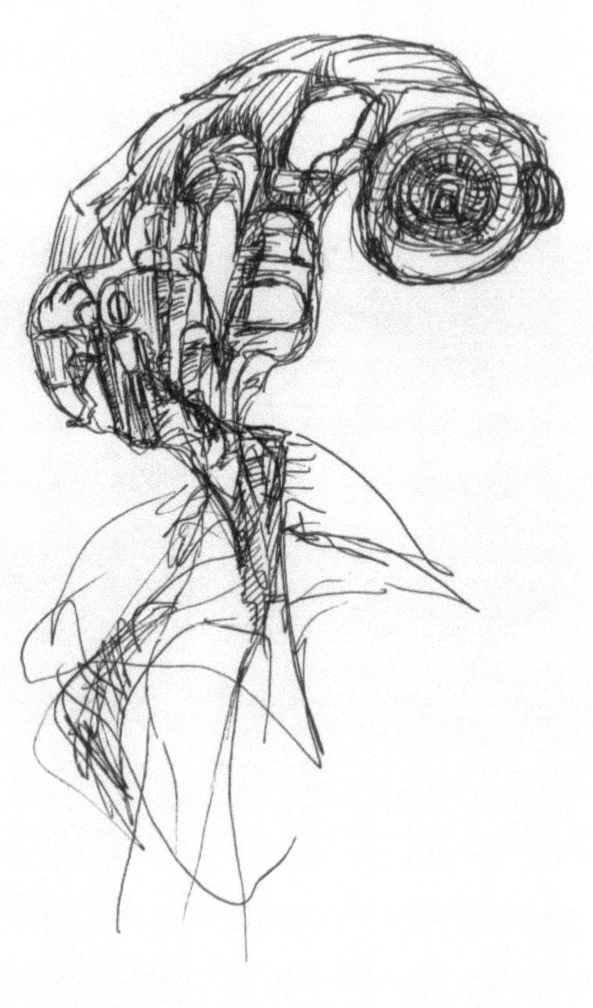

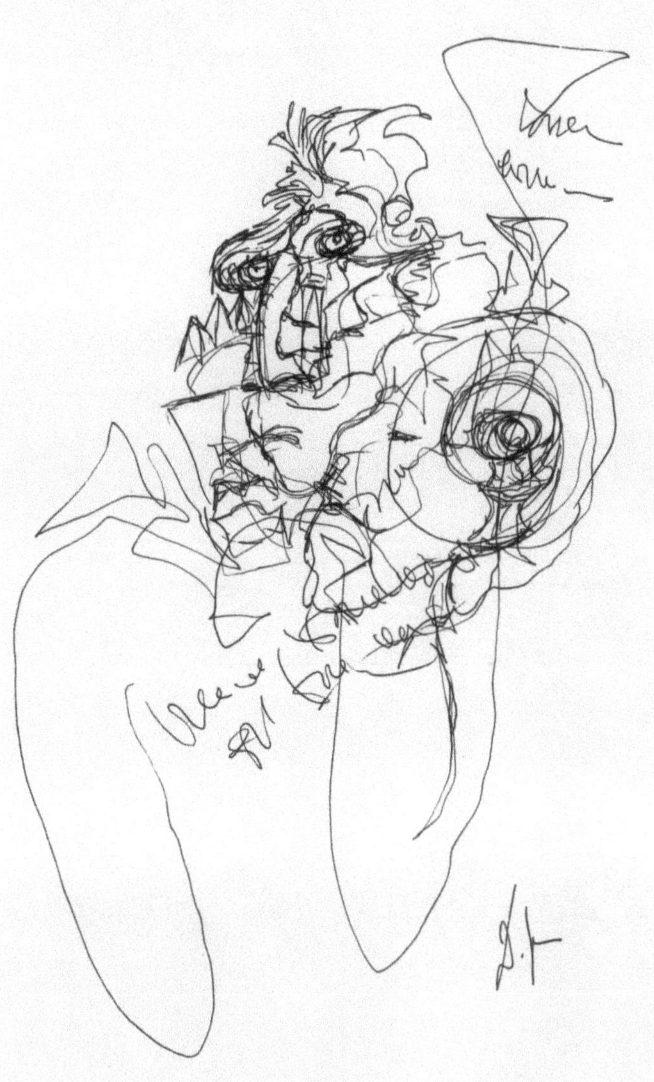

Daniela Taucher
geb. 5. Juli 1980 in Wagna, Steiermark, Österreich.

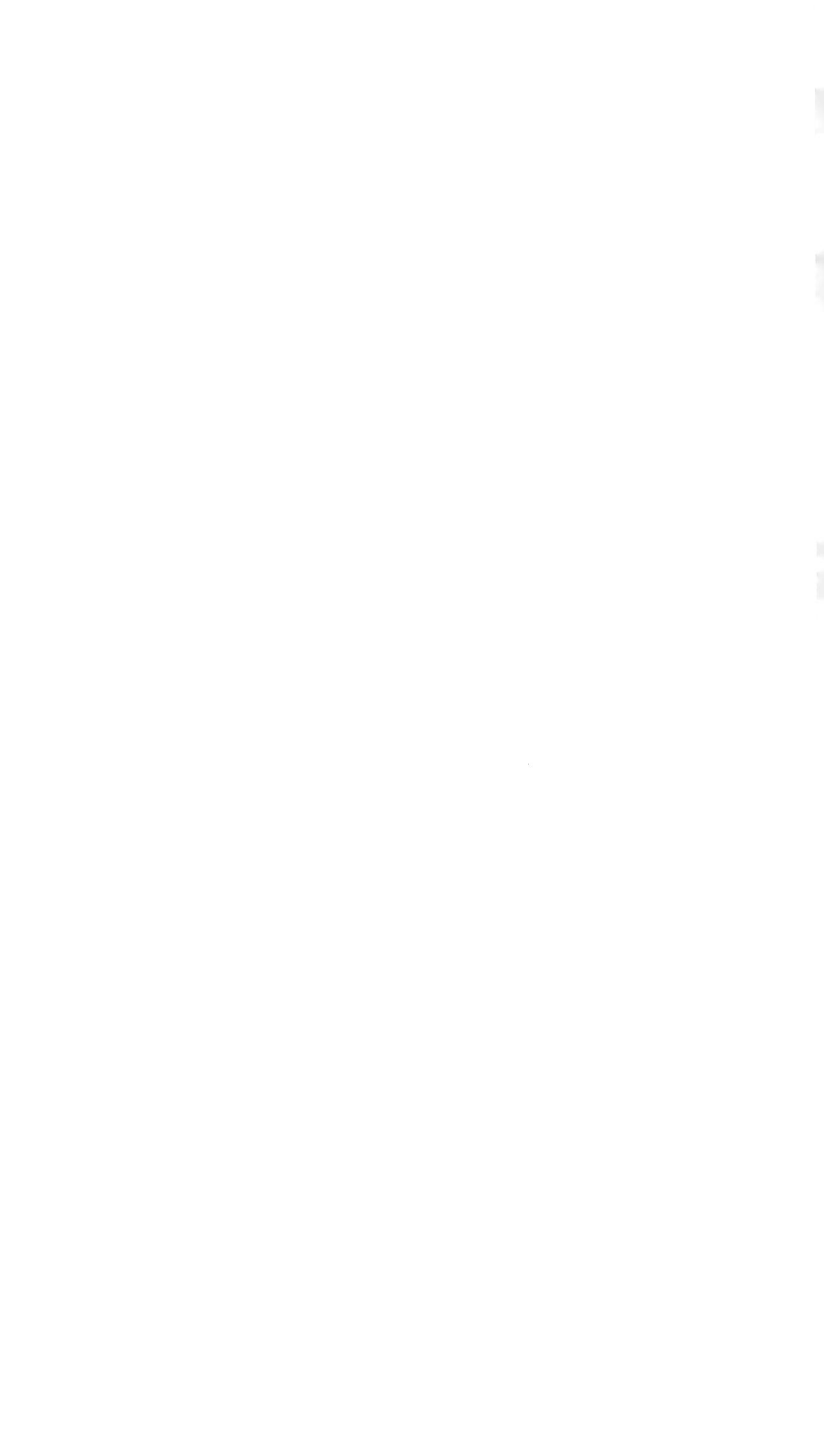